ちくま新書

# これからの日本、これからの教育

前川喜平
Maekawa Kihei
寺脇研
Terawaki Ken

1288

JN230618

これからの日本、これからの教育【目次】

# 逆風の中のヨットのように――「はじめに」に代えて……前川喜平

二〇一七年一月、私は文部科学省を辞めた。その数カ月後に加計学園の問題をめぐって一連の発言をすることになるとは、この時点ではまったく思いもよらなかった。

文科省を辞めたのは、文科省ＯＢへの再就職あっせんが法律に違反していたからだった。これにより、文科省、さらには政府への信頼を損ねてしまった。事務次官として、組織全体の責めを負って辞任するのは、私にとって当然のことだった。それ以外の選択肢は考えられなかった。

退官後、おとなしくしていれば、何かのポストに就けただろうに――。そういう人もいる。実際、文科省を辞める前に、ユネスコ大使はどうかと内々に打診されたこともあった。だが、天下り問題で引責辞任をした時点で、今後、政府の要職に就くことはないだろうし、たとえそうした話があっても、受けるべきでないと心に決めていた。

## †なぜ証言したのか

加計学園に関する私の発言を、勇気ある行動だと言ってくださる方も少なくない。だが、正直に言うと、この問題での一連の発言で何かを失ったとは、私自身は思っていない。もちろん、文科省での仕事をとおして知遇を得た方たちとの関係が絶たれることもあった。だがそれは、いつかは引き受けなければならないことと覚悟していた。

文科省にいた時の私は、多くの場面で自分の良心や思想、信条を押し殺して、組織の論理に従わせてきた。その仕事に本心では抵抗があっても、可能な範囲でよりましなほうへ行こう、そして方針転換できる機会をねばり強く待とうと考え、上位の権力に従った。だから私は、心のどこかで、役所を辞める日を心待ちにしていたのだと思う。役所を辞めれば、自由にものが言えるようになるはずだ、と。

たとえば私は、教育勅語を道徳の教材とすることには反対だ。戦前の日本は言論の自由や学問の自由を圧殺し、無謀な戦争に突き進んだが、そうした時代にあって教育勅語は、子どもたちの心を国体思想に絡めとり、お国のために命をすら差し出すよう誘導する役割を果たしていたからだ。

ところが私が以前お仕えした文科大臣の中には、教育勅語について「中身は至極まっとう」と発言された方がいる。戦前・戦中の国家主義的教育を批判的に学ぶための教材として使うのであれば納得もできようが、道徳の教材として使うのは、とんでもないことだと思う。そもそもそれは、憲法に反しているのではないか——。

こうして私は、自分がかつてお仕えした人であっても、内容次第では、批判的な発言をすることにもなった。自由に発言できるようになったことの代償だろう。

今年（二〇一七年）の五月になって、加計学園による獣医学部の新設は「総理のご意向」だとする文書は存在すると私が証言し、「行政がゆがめられた」と発言したことに対して、なぜ在職中にそれをやらなかったのか、もっと戦うべきだったのではないか、せめて内部告発ぐらいできたのではないか、といった批判をいただいた。

まったくその通りだと思う。だが、私の経験から言うと、現職中にこの動きを止めることは、おそらく一〇〇パーセント、できなかっただろう。官邸からの圧力は、それだけ強かったということだ。他方で、組織を背負う立場でなくなり、自由な身分になったからこそ、加計学園をめぐる一連の発言ができたわけだから、格別、勇気ある行動とは言えないのである。

ただ、私の発言によって、文科省の後輩たちにはひどく迷惑をかけてしまった。毎晩毎晩、国会答弁用の資料を作らされたり、流出した文書の存否をめぐり調査をやらされたり、官邸から呼びつけられてどうなっているんだと怒られたりと、相当ひどい目に遭ったと聞いた。彼らにはとても顔向けできない。本当に申し訳ないと思っている。

文科省の中には、加計学園の獣医学部について、いくら行政がゆがめられようと、官邸がこしらえたストーリーに沿って粛々と設置認可をすればいいだけの話で、わざわざ騒ぎを引き起こす必要はなかったと考える人もいることだろう。もしかすると、私の発言によって、誰が文書を流出させたのか、お互い疑心暗鬼に陥ってしまい、省内にギスギスした雰囲気が生まれてしまったかもしれない。もとよりそれは、私の本意ではない。

だが、間違いなく、加計学園の問題では、あるべき行政の姿がゆがめられ、国家権力の私物化が起きていた。私の知るかぎり、一昔前まで、ここまでひどくはなかった。

おそらく、権力の集中によって驕りが生じているのだろう、国民の税金を使って、一部の人を儲けさせるようなことを、「岩盤規制にドリルで穴を開ける」とか「既得権益の打破」といった、それらしい言葉で説明しさえすれば、国民を納得させられると思いなしているようだ。

こうした中で私は、加計学園による獣医学部の新設に関して政府内部でゆがんだ問題が生じていることを知る立場にあった。このことを私一人の胸に納めておいて、本当にいいのか、一国民として見たとき、何もなかったと済ませることは到底できない。そう考えた。

「あったものを、なかったことにはできない」――。そう証言することが、本当の意味での「全体の奉仕者」としての務めを果たすことになるだろうし、民主主義を維持していくためにも、密室の中での出来事のままにしておくのはよくない。そう思った。

## ✝教育は営利事業ではない

今回わたしは、寺脇研さんと対談をする機会を得た。

寺脇さんは文科省（文部省）時代の、尊敬する先輩の一人である。寺脇さんは、文部官僚として、誰もが、いつでも、どこでも学ぶことができるように、教育制度の改革を推進してきた。当時から寺脇さんは、言いたいことを言い、やるべきことをやるという姿勢を崩さない稀有な人だった。退官されてからも、誰におもねるでもなく、自分の思うところを言い、議論し、教育への情熱を失っていない。

この本で私は加計学園の問題だけでなく、生涯学習からゆとり教育、高校無償化、夜間中学まで、約四〇年にわたる教育改革について、寺脇さんと対話をしている。これらの改革は、いずれも寺脇さん、もしくは私がかかわったものだ。ある意味で、この四〇年間の文部行政に関するオーラル・ヒストリーでもある。

加計学園の問題で、文科省は「既得権益の牙城」であり、新規参入を許さぬ「岩盤規制」を敷いてきた張本人だと批判された。もっぱらそうした批判は、市場競争に任せれば万事うまく行くという「規制緩和」論者からなされた。この手の議論に決定的に欠けているのが、国民一人ひとりの学ぶ権利をいかにして保障し、教育の質が劣化しないようにするかという視点だ。

子どもの貧困は、深刻の度が一段と増している。こうした中で、弱肉強食の市場競争に教育をさらしてしまっていいのだろうか。そうではなく、充実した教育をこの社会が、私たちがすべての子どもに用意することが、本当の意味での格差解消につながるのではないだろうか。

大学入学年齢である一八歳人口は、平成二六（二〇一四）年段階で一一八万人いる。ところが少子化が進むことで、あと二〇年もすれば、九〇万人台になる。五〇年で半減するとも言われている。こうした中で、一人ひとりを大切に育てていかなければ、この社会はもたないのではないか。そのためには、将来、どのような分野の仕事が必要になるかを、信頼できるデータをもとに予測しながら、教育内容を充実させていく必要がある。

教育は、短期間で成果が上がるような営利事業ではないし、そのことを目指すべきでもない。「教育は国家百年の計」と言われるが、少なくとも、人ひとりが大人になるまでの時間をかけなければ、その成否は分からない。だからこそ、教育がどうあるべきかは、これから社会がどう変化していくかを見据えながら、長期的な視野のもとで考えなくてはならない。

寺脇さんも私も、そのような思いで教育改革に取り組んできたし、現役の文部官僚たちも、その思いに変わりはないはずだ。

*

実は私は、小学校三年生の時に不登校になったことがある。転校先の東京では、それまで暮らしていた奈良とは言葉遣いが違っていたし、先生もどことなく冷たい感じがした。決定的だったのは、奈良ではなかったプールの授業で溺れかけたことだ。二学期以降、学校に行こうとすると、吐き気や腹痛がするようになった。

いまや不登校の子どもたちは、全国に一二万人いる。かつては文科省も、不登校の子どもは、いずれ学校に戻さなくてはならないと考えていた。だが、今ではそうした学校中心主義から脱却しつつある。フリースクールや夜間中学といった学びの場を、以前よりも柔軟に認めるようになった。

弱肉強食の市場競争に子どもたちをさらさず、一人ひとりの学ぶ権利を保障すること。それが教育行政本来の使命ではないか。寺脇さんも、私も、そう考えている。

この本を通じて、そのことが分かっていただけたなら、これに勝る喜びはない。

## †いくつかの出会い

最後に、私的な思い出を書くことをお許しいただきたい。

一九九六年に四七歳で病死された河野愛さんは、私が文科省で尊敬するもう一人の先輩だ。私が文部省に入った当初から、河野さんには親しくしていただいた。

河野さんは私より六歳年上で、利益誘導を図るような仕事の仕方をなにより嫌い、権力のある偉い人にこびへつらうことを嫌った。とてもまっすぐな人だった。だから、上司と衝突することも少なくなかった。

私自身は、上司と部下という形で河野さんと仕事をしたことはないが、よく飲み会に誘っていただいた。「どういうつもりで仕事をしているのか」と、結構厳しいことも言われたが、後輩思いで、とても温かな人だった。筋の曲がったことが大嫌いで、誠意や理想を捨てない人だった。

文科省に在職中も、退官してからも、ちらっちらっと河野さんのことが頭に浮かんでくることがあった。河野さんの魂が、どこかで見ているんじゃないか、そういう気持ちになることが時々ある。

いま思うと、文科省を引責辞任したときも、加計学園のことで文書は存在すると証言したときも、河野さんのそうした生き方が、どこかで影響していたように思う。

これまで公の場で語ったことは一度もないが、文科省時代の私のノートパソコンの待ち受け画面は、チェ・ゲバラの肖像写真だった。

アルゼンチン生まれで医師でもあったゲバラは、圧政に苦しむ人々を見捨てておけず、世の中を良くしようと革命運動に身を投じた人だ。カストロとともにキューバ革命を成功に導いた後、南米解放闘争の一環として潜入したボリビアで政府軍に捕えられ、銃殺されている。三九歳という短い生涯だった。政府軍との戦闘によって負傷した味方だけでなく、敵兵まで治療したという逸話が残されている。

ゲバラのことを初めて知ったのは、中学生の時だった。一九六〇年代末の頃、若者たちが既成の秩序に対し盛んに異議申し立てをしていた時代だった。人間を解放するために戦い続けたゲバラの生き方は、この上なく魅力的だ。

一〇代の私に強い印象を残したもう一人が、宮沢賢治だった。賢治は『農民芸術概論綱要』で、「世界がぜんたい幸福にならないうちは個人の幸福はあり得ない」と書き記している。

この言葉は、遂に到達することのできない永遠の目標として、今日に至るまで私の意識の奥底に存在しているように思う。

賢治は同じ作品の中で、こういう言葉も綴っている。

「まづもろともにかがやく宇宙の微塵となりて無方の空にちらばらう／しかもわれらは各々感じ各別各異に生きてゐる」

自己と他者の区別を超え、人間と自然の区別を超えて無限大の宇宙の生命と一体化する。しかも、現実の社会においては一人の個として生きる。そういう生き方の天啓のようなものを与えてくれた言葉だ。

「諸君はこの時代に強ひられ率ひられて奴隷のやうに忍従することを欲するか」

「むしろ諸君よ更にあらたな正しい時代をつくれ」

これは『生徒諸君に寄せる』の一節だ。私はこの言葉に何度も鼓舞され、励まされた。時代も場所も異なるこれらの人々と出会えたことが、こんにちの私を形作っているところがあると、今にして思う。

*

最後の最後に――、ヨットは逆風の中にあっても、前へ進むことができる。ただし、向かってくる風に対して、真っすぐには進めない。ジグザグに、少しずつ進んでいく。
文科省にいたときの私は、組織の論理に従いながらも、何とか改革したいと思うことについては、逆風の中のヨットのように、少しずつ、ジグザグにでも、前へ進もうとしてきたように思う。
この本が、少しでもみなさんの力になれれば、本当にうれしい。

# 第1章
# 「命がけ」の文部官僚

## †「あったものを、なかったことにはできない」

**寺脇**　加計学園の問題はまだ決着がついていませんが、今年五月に朝日新聞が「新学部「総理の意向」　文科省に記録文書　内閣府、早期対応求める」という見出しで、この問題を一面トップで報じ[1]、その一週間後に前川さんが記者会見の場で、「あったものを、なかったことにはできない」と発言。一気にこの問題がクローズアップされることになりました。

**前川**　あるはずの文書が[2]、「探したけれどもありませんでした」、「確認できませんでした」で終わらせてしまっては、政府の国民に対する説明責任を果たしていないことになる、という思いがありました。

どう見てもこれは、権力に近いある特定の人物に特別な恩恵を与えるような、ゆがんだ行政になっていた。ところが、それを示す内部文書が文科省から出てくると、「怪文書みたいなもの」と一蹴されてしまった。それどころか、安全保障やエネルギー政策など、もっと大事な課題があるのだから、こんな小さな問題に関わっている暇はないという雰囲気すら感じられた。公正、公平であるべき行政が不当にゆがめられた事実があるなら、国民はそれを知る権利があるし、またそれを糺《ただ》せるのは国民しかないと思って、マスコミのインタビューに応じました。

**寺脇** 加計学園の問題によって、改めてはっきりしたことがいくつかあります。その一つが、よい規制緩和と悪い規制緩和の二つがあるということ。

いまや規制緩和の名のもとに、それを巧みに利用した者が金儲けできるような仕組みができつつあるんじゃないでしょうか。しかも、一方で、あらゆる場面において闊達な議論を許さない雰囲気がある。そんな気がしてなりません。

**前川** たしかに政治の世界では今、国家主義と新自由主義が結びついているのを感じますね。一人ひとりはお国のために尽くすべきだという復古主義的な考えが台頭してきて、それによって国民を束ねようとする力がはたらく一方で、市場において自由競争を徹底させればすべてうまくいくといった市場原理主義が幅を利かせていて、この両者が結びついて

1——「朝日新聞」二〇一七年五月一七日付朝刊。

2——加計学園の獣医学部新設に関し、文部科学省が内閣府から「総理のご意向」「官邸の最高レベルが言っている」等と言われたと記録された文書について、菅義偉官房長官は二〇一七年五月一七日の記者会見で「怪文書みたいな文書」と、その存在を否定。松野博一文科省大臣は同月一九日、「確認できず」との調査結果を発表。六月一五日になって松野文科大臣は再調査の結果、一連の文書について、同一内容の一四の文書が見つかったと公表し、これら文書の存在を認めた。

いる。

主体性のある個人と個人が結びついてパブリックな社会をつくるのではなく、あらかじめ「お国のため」というイデオロギーを強く打ち出して人々をガチッと束ねる一方で、あらゆるものが市場で取り引きできるよう、その範囲を思い切り広げて、弱肉強食の競争をさせる。その競争に勝った者が正義なんだという、そんな空気が蔓延しています。

## 公教育を侵食する儲け主義

**寺脇**　加計学園のことでいえば、新しく獣医学部ができたからといって、ほんとうに国民のためになるのか、という問題があるわけです。このままいくと、獣医師の世界は過当競争におちいる可能性が高い。そうなると医療の質も低下するし、競争の中で生き残っていくためにあやしいことを始める人が出てきかねません。私は医学教育課長をしていたことがあるので、医師や歯科医師の需給問題に責任を負っていました。そこでも、過当競争になった場合の弊害には常に注意が必要でした。
にもかかわらず、加計学園の獣医学部新設は「岩盤規制改革の実現だ」と主張しているのが、国家戦略特区諮問会議の民間議員、八田達夫、竹中平蔵のお二人。しかし私に言わせれば、とても無責任な発言です。

**前川**　民間議員の記者会見[3]を最初から最後までネットで見ましたが、坂根さん（小松製作所相談役）以外は、とにかく解禁しろ、どんどん作らせろといった、市場主義的な発言が目につきました。坂根さんだけが、獣医学部を新設するなら、世界水準のものにするべきだと主張されていた。

**寺脇**　揚げ句、総理自らが六月の講演で、「一校でも二校でも、どんどん学部新設を認めていく」と言い出した。そんなに作ってしまって、大丈夫なのか。獣医師の需要は今後低下すると、農水省が戦略特区の協議の場で主張したと報じられているのに、そのこともまるっきり無視されている。

そもそも、加計学園が新設する獣医学部の定員一六〇というのは、誰が決めたの？

**前川**　加計学園が決めたんですよ。

**寺脇**　めちゃくちゃな話じゃないですか。獣医系の学部・学科は全国に一六あって、その定員を足し合わせると、九三〇人。当初案の定員一六〇人というのは、国立大の定員が三

3——二〇一七年六月一三日、内閣府で開かれたこの記者会見には、国家戦略特区諮問会議の民間議員、八田達夫、坂根正弘、竹中平蔵の諸氏のほか、国家戦略特区ワーキンググループ委員の原英史氏が参加した。

〇～四〇人ですから四、五校分です。

**前川**　獣医師が不足しているという主張もおかしくて、動物病院のほうは十分足りているんです。不足気味なのは産業動物獣医のほうで、とくに公務員獣医が足りないと言われています。その大きな理由の一つは、待遇面の悪さ。こうした現実を無視して、自由競争に任せればうまく行くはずだという主張は、ほとんど信仰に近い。

**寺脇**　定員を一六〇にする理由は、教育的な根拠はなく、一言でいえば儲かるからでしょう。そこが透けて見えてしまいます。定員が多ければ多いほうが、利益率が高くなる。獣医希望者は相当数いて、かなりの受験者が見込めますから、定員数が大きい大学で、定員割れが起きなければ、一番おいしいわけですよ。

でも獣医学部の場合、卒業するのに六年かかります。加計学園は私学だから、学費がばかにならない。家計への負担も大きい。それなのに卒業したからといって、希望どおり獣医になれるかどうか……。獣医になるには大学を卒業するだけでなく、国家試験に合格しなければなりません。獣医師全体は不足していないのだから、質を確保するために、国家試験はむしろ厳しくなっていくでしょう。その場合、獣医になれなかったのは学生自身の努力が足りなかったせいだと、大学側は自己責任論で学生に責任をなすりつけることになるんじゃないでしょうか。

**前川**　これまで、獣医学部・学科の定員増を望んできた他の大学に対して、獣医師の需給という根拠から、すべてダメだと言ってきたのに、規制緩和の名のもとに、非常にゆがめられたプロセスによって、加計学園だけが定員一六〇名という獣医学部の新設を認められてしまう。閣議決定がなされた〝四条件〟に合致しているかどうかの検証もまったくなされていない。京産大も、昨年（二〇一六年）のほぼ同時期に、国家戦略特区にもとづく獣医学部の新設を提案しましたが、こうした中で、なぜ加計学園に決まったのか、合理的な説明はどこからも出ていません。

**寺脇**　政治主導そのものが悪いわけじゃなく、江戸時代に将軍の威を借りた近臣が跋扈《ばっこ》したような側用人政治に堕しているのが問題なんです。官邸トップと文科省のあいだに入っている人間が、権力を笠にきて「黙れ、黙れ」と言ってるわけでしょう。それが、ほんとうに国民のためになっているのか、根本から考え直す必要があると思うんですよ。

加計学園については、後で改めて議論することにして、どうしても言っておきたいのは、教育も行政も民間企業ではない、ということです。何でも民間のやり方がいいとして自由競争をベストだとする人たちは、肝心なところが分かっていない。しかも、この手の人たちは、文科省を守旧派だと言いつのり、岩盤規制の張本人だと決めつけて、事あるごとに批判している。これまで文科省が、どれだけ規制緩和をしてきたか、全体の奉仕者として、どんなことをしてきたのか、ほとんど何も理解していないんじゃないでしょうか。

前川さんとの対話をつうじて、そうした誤解を解いていきたいと思いますし、この本が、公教育をとらえなおすきっかけになればと願っています。

## 「その職に死するの精神」

**寺脇** 前川さんが天下り問題で文科省を辞職する前に職員あてに送ったメールは話題になりましたが(本書巻末に掲載)、そのメールで前川さんは、初代文部大臣をつとめた森有礼《ありのり》の「自警」[4]から、いくつか言葉を引いていました。

**前川** 明治一九(一八八六)年に、文部省の職員に向けて発したメッセージですね。自戒の念も込められていました。私なりに「自警」を要約すると、教育と学問にかんする行政をつかさどる文部省の責任は大変重いもので、その職務をになう人間は、十二分にその自覚をし、他の省庁と比較したりせず、この職に死んでもいいくらいの気持ちで、つねに自らを向上させ、職務に励まなくてはならない、ということが言われています。

森有礼はそこで「その職に死するの精神覚悟」が必要だと書いているのですが、死んでしまっては元も子もありません。文科省の皆さんに送ったメールには、「その職に生きるの精神覚悟」が必要だと書きました(笑)。

**寺脇**　文科省の大臣室や局長室に、この「自警」のレプリカがかかっています。この「自警」を読むと、ほかの役所と同じ考え方をしていてはダメだという森有礼の熱い思いが伝わってくる。文科省には今もその精神が生きていると思うんですよ。実際、日本の教育をあずかるこの仕事は、他の役所の仕事とはちがうわけです。

**前川**　明治一八（一八八五）年に内閣制度ができて、初代文部大臣になったのが森有礼でした。三九歳のときです。明治二二（一八八九）年、森が四三歳のときに国粋主義者に脇腹を刺されて非業の死を遂げています。

ですから、森有礼が文部大臣として仕事ができたのは、ほんの数年でしかなかった。その短いあいだに、近代日本の教育制度の礎を築き上げたわけです。学制という、学校制度

4——原文は以下の通り。
「文部省は全国の教育学問に関する行政の大権を有してその任ずるところの責したがいて至重なりしかれば省務をつかさどる者はすべからく専心鋭意各その責を尽くして以て学政官吏たるの任を全うせざる可からず　しかしてこれを為すには明かに学政官吏の何ものたるをわきまえ決して他職官吏の務方を顧みこれに比準を取るが如きことなく一向に省務の整理上進を謀りもしその進みたるもいやしくもこれに安せずいよいよ謀りいよいよ進め　終に以てその職に死するの精神覚悟あるを要す
明治十九年一月　有礼自記」

にかんする法律が明治五（一八七二）年に発布されたんですが、それから十数年のあいだ制度が頻繁に変わって、うまく定着しなかったんですね。それを安定させたのが、森有礼でした。

**寺脇**　森有礼はとても開明的な人で、封建的な日本のままではダメだと主張したことが頑迷な保守派に憎まれ、暗殺された理由の一つと言われているほどです。それにしても、「その職に死するの精神覚悟」が必要だというのは、なかなかに激しいね。

**前川**　近代国家の礎をつくるんだという、明治初期の人たちの意気込みは、すごいものだなと思います。

**寺脇**　森有礼はもともと薩摩藩士で、明治維新のとき、二十歳頃だったから、激動の時代を生きた人だよね。維新後は福澤諭吉や西周《にしあまね》らと明六社《めいろくしゃ》を結成したことでも知られている。「決して他職官吏の務方を顧みこれに比準を取るが如《ごと》きことなく」（「決して他の官吏の仕事と比較したりせず」の意）という「自警」の言葉も、重みがあるよね。

**前川**　おそらく当時の文部省には、大蔵省や内務省といった他の役所へ行きたいという役人がいたんでしょうね。しかし、そうじゃないだろうと。文部省ならではの、非常に大事な仕事があるのだから、それに専心努力せよと、森有礼は言っているわけですよね。

## †大正時代の「ゆとり教育」

**寺脇**　文科省の歴史を振り返ってみると、先輩の文部官僚には素晴らしい人がいて、その一人が文部次官までつとめた澤柳政太郎《さわやなぎまさたろう》（一八六五－一九二七）です。普通学務局長（現在の初等中等教育局長に当たる）時代に第三次小学校令（明治三三〔一九〇〇〕年）の改定を主導した一人で、これによって公立尋常小学校の授業料の徴収が廃止されたし、四年制に統一され、カリキュラムも整えられたわけです。また、次官時代の明治四〇（一九〇七）年には義務教育の年限を六年に延長した。

**前川**　授業料の無償化は、義務教育費の国庫負担制度ができて、ようやく実現したんですね。

**寺脇**　小泉政権時代に、義務教育費の国庫負担制度の見直しが行われた際に、前川さんたち文部官僚の有志の集まり「奇兵隊（喜平隊）」は、それに対して正面きって疑義を呈したわけですが、そのルーツがここにある。

澤柳政太郎に話を戻すと、官を辞して野に下ってからは民間教育家として活躍し、大正六（一九一七）年には成城小学校（後に成城学園）を創立し、校長となっている。成城学園は「個性尊重の教育」「自然と親しむ教育」「心情の教育」「科学的研究を基とする教育」

といった理念を掲げて、大正自由教育に大きな影響を与えたわけだよね。

これって、「ゆとり教育」の先駆けだと思うんですよ。明治になって、とにかく欧米列強に対抗しようと、富国強兵のための人材づくりが優先されて、教育においても、工場とかで勤勉に働き、軍隊に入ってからも役立つ人間を育てるという側面が強かった。こうしたなかで澤柳は、学ぶ側に立って、教育のあり方を変えようとしたわけです。

二〇〇〇年代の「ゆとり教育」も、知識をとにかく詰め込めばいいという、それまでの「追いつき、追い越せ」型の教育をあらためて、一人ひとりが自ら関心をもって、自分の頭で考えられるような教育を実現させようという目的があった。それに対して、いくら公立学校で、そうした改革を進めても、私立はついてこないから、公立学校に通う子どもたちがバカを見るだけだという批判があって、いや違う、現に成城学園とか、小原《おばら》國芳《くによしう》（一八八七－一九七七）が創立した玉川学園とかは、とっくの昔から「ゆとり教育」を行っていると反論したものです。

澤柳政太郎は、当時の公立学校でそうした教育を行うのは無理だと悟って、成城小学校を設立したんでしょう。文部次官というのは、今の事務次官と同じで事務方のトップ。にもかかわらず、退官後に民間の立場で理想の実現に挑んだという点で、前川さんに近いのかもしれない。

前川　澤柳は文部次官をやったあとに東北帝大の初代総長、次いで京都帝大の総長になったわけですが、京都では教授会と衝突して思うような改革ができないまま、いわば追われるように退任しているんですよね。その失意の中から再チャレンジして、一九一七（大正六）年に成城小学校を作った。ここで新しい教育を創るという意気込みがあったんでしょう。

私は退職後、せいぜい自主夜間中学のボランティアをしている程度ですから、澤柳先生と比べられては困ります。

## †命がけの文部官僚

寺脇　だいぶ時代は下るけど、剱木亨弘《けんのきとしひろ》（一九〇一－一九九二）さんは、森有礼が言う「その職に死するの精神覚悟」の持ち主じゃないかな。戦前から文部官僚で、戦後になって、文部事務次官、内閣官房副長官などを経て参議院議員になり、文部大臣までのぼり詰めた。

5——教育学者、学校法人玉川学園の創立者。京都帝国大学哲学科を卒業後、広島高等師範附属小学校教諭、成城小学校主事、成城高等学校（七年制）校長を経て一九二九年、「全人教育」の理念に基づき玉川学園を創設。

**前川**　文部官僚出身で官房副長官をつとめたことがあるのは、剱木さんの他は誰もいないんじゃないでしょうか。

**寺脇**　『牛歩八十五年――剱木亨弘聞書』（田中正隆、教育問題研究会）にも書いてあるように、剱木さんはわれわれよりも、はるかに筋金入りです。

まず、第五高等学校[6]時代のエピソードからして、破格。当時、病気になって休学を余儀なくされた剱木さんは、実家に戻っていた。そこは筑豊の産炭地で、ちょうど炭鉱景気で沸き立っていて、地元の小学校も生徒数が急増、一クラス当たり八〇人なんていう大変な状況になっていたんですね。

剱木さんが自宅で静養中だと聞きつけた小学校の校長が、まだ五高の学生だというのに、代用教員くらいできるだろうと説き伏せて、一年生を担当することになってしまった。生徒が教室に入り切れない状態で、そこをなんとか切り盛りしなくてはと、ガキ大将的な生徒何人かを引き入れて、「お前はこのグループを、お前はあのグループをまとめてくれ」と頼んで学級全体のまとまりを維持し、なんとかしのいだらしい。当時、炭鉱景気に沸いていたといっても、生徒のほとんどは労働者の子どもですから、眼前には貧困問題が広がっていたわけです。

やがて東京帝大（現、東京大学）法学部を卒業し、高等文官試験[7]を受ける段になって、剱木さんが「私は文部省に行きたい」と恩師に言うと、「お前は知らないだろうが、文部省は内務省の属国と言われているから、やめたほうがいい」と説得されたというのですが、それでも「いや私は、子どもの教育にかかわりたいので、それ以外の仕事はしたくありません」と言い張って、文部省に入った。

**前川**　当時、文部省は「内務省文部局」と言われていたらしいですね。さらに戦時中は「陸軍省文部局」と揶揄されていたらしい。

**寺脇**　あえて文部官僚の道を選んだ剱木さんは大変苦労をされていて、三度も召集を受けて、従軍しています。一度目、二度目は少尉として日中戦争に駆り出され、当時の高級官僚としては異例の三度目のときは大学教育課長という要職に就いていたときでした。年齢もすでに四〇代半ばで、間違いなく懲罰召集です。

どういうことかというと、当時は兵力不足を補うために、学徒出陣といって、二十歳以上の、おもに文系の学生を戦地に送り込んでいたんですね。若い兵士をかき集めるために、

6――一八八七（明治二〇）年、第五高等中学校が熊本に設立され、九四（明治二七）年、高等学校令により第五高等学校に改称。熊本大学の前身校の一つ。

7――戦前の高級官吏任用試験。高文と略称。

陸軍省が、全国の大学の学籍簿を提出するよう求めてきたとき、「学籍簿は文部省が絶対に守らなければならないものだ」と言って、抵抗したんですよ。そしたら、召集令状が来てしまった。

**前川**　本当に命がけですね。

**寺脇**　命がけです。しかもそのときお子さんが四人いた。それだけでなく、一度目、二度目は士官として召集されたのに、今度は二等兵として召集されている。普通、あり得ないことです。

いよいよ船で硫黄島[8]へ送られるというので芝浦桟橋へ行ったところ、所属部隊は三〇代、四〇代の老年兵ばかりだったそうです。

出航の時間が刻一刻と近づくなかで、さすがに酷《ひど》すぎるということで、当時の文部省幹部が抵抗し、間一髪で召集解除となった。そのとき、家族を残して戦地に赴こうとする自分と同年代の人たちの、「えっ、お前だけ？」という目が忘れられない、あの人たちの分も、生き残った自分は頑張らなくてはならないと思ってやってきたと、晩年直接うかがいました。

## †よくも悪くも「百年の老舗」

**寺脇**　こうした先人たちの、血のにじむような努力の上に、文科省のこんにちがあるわけですが、じつは明治期だけでなく、戦後、一九七〇年代ぐらいまでは、教育は公のために、言い換えれば、国のためにあるという考えも根強く残っていました。私が文科省に入省したのは一九七五年で、前川さんはその四年後だよね。

**前川**　一九七九年ですね。

**寺脇**　われわれが入る少し前の一九七二年は、一八七二年に学制が発布されてから一〇〇年ということで、「学制百年」の記念行事が全国的に繰り広げられた。私が文科省に入ったときには、その余韻が何となく残っていました。とくに幹部たちには、「自分たちは、これを百年やってるんだ」という、強い自負心があったようだね。

**前川**　一〇〇年続いた老舗の旅館か何かみたいな感覚ですね。

**寺脇**　そう。よくも悪くもそうした意識がある。それが悪い方向へいくと、これまで通り

8——小笠原諸島の南方に位置する火山島。面積約二二平方km。太平洋戦争末期の激戦地で、死傷者数は日米合わせて約五万人。うち日本側の戦死者は約二万二〇〇〇人。投降した二一二人を除いて全員が戦死、もしくは自決した。敗戦後、アメリカ軍の施政下にあったが、一九六八（昭和四三）年に復帰。

でありさえすればいいとか、何もしないのが一番だといった空気を生んでしまう。それこそ、前川さんや私が批判してきた、省内の守旧派だよね。

ところがそんな中にも一九七一年の中教審答申[9]で「生涯教育」の重要性が指摘されて、前川さんや私たちがバリバリ仕事をし始めたころには、教育の主役は公とか国というよりも、子どもからお年寄りまで国民すべてであるという、生涯学習的な考え方の芽が出ていた。でも、守旧的な考え方を打ち破るのはなかなか難しく、目に見える具体的な新しい政策としては、いつでもどこでも誰でも大学教育を受けられることを目指した放送大学の創設（昭和五八〔一九八三〕年）くらいでした。わたしは、そのための放送大学学園法の作成や国会審議を、大学局（現・高等教育局）の係長として担当したんだけど、前川さんは官房総務課にいて間接的にかかわった。

**前川**　そうですね。私は入省してから三年余り官房総務課にいたので、そういう具体的な政策には、間接的にしか関わらなかったんですが、当時の文部省を全体として眺めることができる場所ではありました。一言で言って、当時の文部省は沈滞した雰囲気でしたね。先人の遺産を食い潰して暮らしているような感じでした。

**寺脇**　なかなか進まなかった生涯学習的な考え方の流れを一気に推し進めたのが、一九八七年の臨教審答申だった。これによって、それまでの教育のあり方が、がらっと変わっていくことになる。

そこで、何がどう変わっていったのか、まずは生涯学習と臨教審を取り上げることで、はっきりさせてみたいと思います。

9——「中教審」は中央教育審議会の略称。同審議会は、文部科学大臣の諮問に応じて教育・学術・文化に関する基本的な重要施策を調査・審議し、提言する機関。一九五二（昭和二七）年に設置。学識経験者を委員とし、三〇人以内の委員から構成される。

第2章

# 改革派の誕生

## †生涯学習、現場でこそ実感

**寺脇**　じつは生涯学習という考え方は、文部省の建物の中にいたのでは分かりにくいところがあるんですね。

一九八四年から八六年にかけて、私は福岡の教育委員会に小中学校を担当する課長として出向して、県内各地の実情を見て回る中で、いろんな家庭があるということを目の当たりにしました。立派な本棚に本が詰まっている家もあれば、通俗的な本すら一冊もないような家もあった。家ではろくにご飯も食べられなくて、学校の給食が命綱になっているような子どもたちもいた。

そういう現場を知るにつれて、ひょっとすると生涯学習的な考え方を突き進めれば、境遇の異なる国民すべてをカバーできるんじゃないかと思うようになったんです。

**前川**　一人ひとりの子どもを主体性を持った学習者としてとらえるのが生涯学習の考え方ですよね。上から「こうでなくてはいけない」と押しつける教育ではない。

**寺脇**　当時、福岡県で最も貧困度が高かったのは、剱木さんの故郷である旧産炭地の筑豊地域でした。その南東部にある添田町《そえだまち》で教育長をしていた坂本さんは、すごい人だった。もう七〇になろうかという人で、なんとか地元の添田中学校を、日本一の中学校にしてやろうと考えたんですね。ただ、いかんせん貧しい町で、学力で日本一になるのも、スポーツで日本一になるのも無理。給食なら、勉強のできる子も、貧しい子も一緒にできるから、日本一になれるかもしれないということで、文部省から学校給食研究指定校の指定を受けて、しまいには全国表彰を受けるまでになった。

私も見学に行ったけど、みんながおいしく、しっかり給食を食べるにはどうすればいいか、音楽を流すとか、楽しく会話をしたりするといった、さまざまな工夫がされていて、ほんとうに理想的な給食の時間になっていた。

これには後日談があって、その中学校の番長たちが、休みの日に近くの小都市へ遊びに行ったとき、地元の中学の番長たちと鉢合わせになり、喧嘩に発展しそうになったんですね。そのとき、添田中の番長が、ちょっと待て、おれらは給食で文部省から表彰されている日本一の中学校なんだ、ここで喧嘩したら、同級生に申し訳ないことになるといって、恥をしのんで逃げ帰ってきたというんですね。

もし、日本一になっていなかったら、大乱闘になっていたはずです。ところが、給食で日本一になるというプロジェクトに、貧しい家の生徒も、勉強ができる生徒も、みんなが参加することで、こんなことが起きたわけです。この話を教育長から聞かされて、あらゆる生徒が存在を認められる学校をつくることのすばらしさを、改めて思いましたね。

私だって前川さんだって、進学校の出身だから、そういう生徒と付き合った経験がないわけですよ。ラ・サールとか麻布から東大に進学して、官僚になっている。こうしたなかで、私は福岡に出向して、現場を経験させてもらった。文部省に戻ってきたとき、自分の中で、これからは生涯学習的な考え方を目指そうという方針が明確に定まりました。

ところが、文部省の建物の中にずっといると、東大を目指して子どもの頃から塾に通っているような学習者もいれば、親からもほとんど見捨てられて、どん底の貧困にあえぐ学習者もいるという現実が見えてこない。

ところで前川さんは、その時期は宮城県に行ってたんですよね?

**前川**　はい。当時は教育委員会の行政課長というポストにいて、全体の連絡・調整をする立場でしたから、現場を持つ仕事は少なかったんですが、文部省で仕事をするよりも現場に近くて、いろんな教職員と接する機会も、子どもたちと接する機会も結構あって、霞が関で仕事をしているよりもいいなと思いました。

その頃は臨教審での議論もチェックしていましたし、そこで打ち出された「個性の重視」とか、学習者を中心とするという考え方は、これからの教育行政の基本になるだろうと思っていました。

じつは宮城県で課長をしていたときに、自分への戒めというか、教育行政官として必要な心構えとはなにか、自分なりに考えて、三つの標語にしてみたんです。

第一に、「教育行政とは人間の、人間による、人間のための行政である」。他の役所と違って、教育行政官が相手にするのは、モノでもなければカネでもなくて、徹頭徹尾、人間なんです。そのことを忘れてはいけない、と。だから、人間とは何か、人間はいかにあるべきか、といった問いを常に問い続けなければいけない。

第二に、「教育行政は助け、励まし、支える行政である」。突き詰めると、一人ひとりを伸ばすために教育行政は存在しているわけですから、「助け、励まし、支える」ものでなくてはならないと思うんです。学習者は子どもに限らず、高齢者の学習者もいますし、スポーツや芸術など、いろんな分野で頑張っている一人ひとりの人間がいる。もちろん学校の教職員も現場で頑張っている。その人たちを「助け、励まし、支える」こと。これが教育行政の本質ではないか。

第三に、「教育行政とは、現場から出発して現場に帰着する行政である」。一番大事なものは現場にしかないわけで、そこで学んでいる人たち、教えている人たちの、人間的なふれあいの中にしか、教育はないわけです。ですから中央で勝手に考えたことを指示して、押し付けるのではなく、現場で起きていることを十分理解し、現場からきちんと情報を吸い上げた上で必要な施策を講じ、現場へと戻していく。

こういう三つの言葉にまとめたんです。そのころ私は学校事務職員の人事を担当していまして、教育行政と学校事務は、本質はまったく同じだと思ってますから、学校事務をやっている人たちに、こういう考え方でやりましょうと提案したら同意してくれ、自分たちもこの考え方でやっていこうと思いますと言ってくれました。

学習者、そして現場を中心にするという考え方は、時代の要請でもあったと思うんですが、やはり臨教審が明確に打ち出したものなんですね。臨教審が提唱した「生涯学習体系への移行」のベースにも、学習者こそが第一という考え方があったと思うんです。

**寺脇**　その三つの標語はいま初めて聞いたけど、間違いなくその時点では危険視される思想なんですよ、それは。教育とは公のためにあり、国家のためにあるという考え方が、依然として支配的だったからね。

だから、文部省のなかでも、当初、「生涯学習？　ケッ」みたいな反応が多かった。高等教育局とか初等中等教育局が典型ですが、学校教育至上主義が支配的で、生涯学習が打ち出した学習至上主義を理解できる人は、今でもそれほどいないんじゃないかな。

**前川**　初等中等教育も高等教育も、生涯学習という考え方の中でもう一度整理する必要があったわけですね。臨教審の答申を受けて、生涯学習局ができたのが一九八八年。中教審が「生涯学習の基盤整備について」の答申を出したのが一九九〇年。生涯学習振興法が成立したのも一九九〇年でした。この頃がターニングポイントだったんじゃないでしょうか。ちょうど昭和から平成に変わる時期です。

変化が激しく、将来を見通すのが難しい現代社会では、生涯を通じて学びつづけることが必要ですし、こうした中で学校教育は、知識を単に詰め込むのではなく、生涯にわたって学び続ける力をつけられるよう、その役割を大きく転換したはずなんです。

ですから、大学だって、必要に応じてもう一度戻って勉強できる場所であるべきですし、学習者の学ぶ力を大事にしていくわけですから、時間的にも空間的にも限定されている学校だけが学習の場なのではなく、いろんなところに学ぶ場があるべきなんです。

**寺脇**　生涯学習が始まるまで、文部省はある意味で鎖国状態でした。小学校があり中学校があり、高校があって、大学があるという、そこしか見てなくて、たとえば労働省がやっている職業訓練校は、教育の場ではないという認識だった。

それが、生涯学習によって、あれもこれも学習の場だということになって、省庁間で連携する必要が出てきたわけです。

ところが文部省の上の人たちは、そのことが理解できていなくて、「お前、どうして通産省とか農水省と交渉してるわけ？　関係ないだろう」と言われることも、少なくなかった。

**前川**　生涯学習というのは、文部省の開国だったんですよね。臨教審という黒船がやってきて、開国させられた（笑）。それで、通産省とも農水省とも労働省とも、〝通商条約〟を結ばざるを得なくなった。寺脇さんはその最先端にいたわけです。

**寺脇**　自分が苦労したから言うわけじゃないけど、それこそコペルニクス的な転回だった。まさに、鎖国を解いて国を開くような変化なんですね。ところが、前川さんのような理解者はごく少数で、それより上の世代は、なかなか理解できない。でも開国後に文科省に入ってきた平成官僚たちは、その点、よく分かっているから、今後には大いに期待してるんですよ。

## †臨教審のインパクト

**前川**　こうした変化の端緒となったのが、臨教審だったんですね。臨教審は、それだけインパクトが大きかった。ただ、その一方で臨教審は、教育行政にも市場原理を導入して、営利事業としてやればいいという考え方の嚆矢でもあるんですね。しかもそれが、「教育の自由化」とか「教育の市場化」といったかたちで、こんにちに至るまで、ずっと続いています。臨教審は、中曽根首相の肝いりで始まったもので、中曽根さんとしては教育基本法も改正して、もっと国家主義的な方向を打ち出したいと考えていたわけですね。

**寺脇**　そうか、中曽根政権のときも、今の安倍政権のように国家主義と新自由主義が結びついてたんだな。

**前川**　そうです。臨教審の構想段階で、国家主義と新自由主義を結びつけた教育改革を進めようという方向性が、すでにあったと思うんですね。

「教育の自由化」という言葉は、臨教審の教育改革論議の中で、キーワードの一つでした。その時、念頭に置かれていたのは、小学校や中学校の「改革」です。

市場原理をそこに導入するという考え方で、具体的には、公立学校であっても、完全に学校選択制にして、どの学校にも通えるようにする。小中学校というのは、地域の中に存在するもので、コミュニティ機能も果たしているわけですが、まるきりその部分を切り捨ててしまうんですね。さらに、誰が学校を設置してもかまわない。株式会社が小中学校を営利事業として運営して何が悪い、という議論でした。

**寺脇**　臨教審の初期は、そのことで大論争になっていた。

じつはこの議論には重大な欠陥があって、小中学校は義務教育ですから、誰もが行く。離島の子も、その例外ではないわけです。都内の子は、いくつもある選択肢の中から選ぶことができて、離島の子は選べない。そんな不公平なことがあるかということで、何とかこの流れは止めることができた。

そんな乱暴な自由化論が出たりするから、臨教審が始まった当初は、とんでもない審議会だと私は思っていた。それが、あれよあれよという間に、学校という器は従来どおりで、中身を学習者主体にして、学校以外の塾とかカルチャーセンターなども学習機関として位置づけるという生涯学習の考え方になっていって、これはいいじゃないかと思うようになりました。

**前川**　臨教審は「教育の自由化」というときの「自由」という言葉を、最終的には一人ひとりの個人の自由というふうに読み替えたんですね。「個性重視の原則」というのは、「生涯学習体系への移行」、「変化への対応」と並んで臨教審が打ち出した基本的な理念の一つですが、臨教審答申はこの「個性重視の原則」を、「個人の尊厳、個性の尊重、自由・自律、自己責任の原則」を指すものだと説明しています。つまり、「教育の自由化」というときの「自由」を、教育を供給する側の「自由」、つまり民営化や自由競争のことでなく、学習する側の「自律・自由」に置き換えたんですね。「個の確立」と言ってもよかったかもしれません。それによって、「教育の自由化」路線に歯止めをかけた。教育の民営化に流れていかずに済んだわけです。

新自由主義的なところは、「自己責任の原則」という言葉に若干見て取ることができますが、「個性重視の原則」を説明する際に、「個人の尊厳」が最初に来ていることからも分かるように、一人ひとりの学習者の主体性を重視しているんですね。主体的に学ぶということが、そのベースとなっています。言い換えればそれは、何歳になっても、どんなところででも、学んでいいということです。そうすると、必然的に「生涯学習体系への移行」が必要になってくるわけです。

**寺脇**　臨教審の初期の論調の悪しき部分が今も残っていて、加計学園の獣医学部新設に関連して内閣府が言っていることも、新自由主義的なんだよね。

ただ一方で、臨教審の議論が始まったあたりでは、これはショック療法なのかもしれないと思っていたところもあります。というのも、当時の文部省には、何もしないのが一番だといった、守旧派と批判されても仕方のないようなところもありましたから。

じつは臨教審の前に、臨時行政調査会[1]があって、そこから民営化路線が始まるわけでしょう？　カギカッコ付きの「社会主義国家」だった日本を、本物の資本主義国家にしようということで、国鉄、電電公社、日本専売公社はそれぞれＪＲ、ＮＴＴ、ＪＴに民営化されていった。

**前川**　中曽根行革ですね。臨教審はその延長線上ですね。教育臨調と言われていました。

1――一九八一～八三年まで鈴木内閣・中曽根内閣のもとに置かれた第二次臨時行政調査会のこと。

**寺脇**　国立大学の民営化の話が臨時行政調査会から出てきたとき、じつは文科省では、議論ができるような態勢に全然なっていなかった。当時私は、臨調の事務局に出向していたから、よく知っています。前川さんも官房総務課で対臨調の窓口だったから、ある程度知ってるよね。

どうしたかっていうと、当時の専門委員会には、ガス抜きのために各省事務次官ＯＢが入っていたんですが、そこで元文部事務次官の井内《いない》慶次郎さんが、国立大学を守らなくてはとか言って、涙ながらに訴えるわけですよ。その頃の事務次官ＯＢというのは、学徒出陣で海軍に行った人たちの集まりだったから、みんなの中に仲間意識があって、その中で、泣きの涙をやった。それで、何とか免れた。

事務局での私の上司は、経済企画庁から出向した糠谷《ぬかや》真平さん（後に経済企画庁事務次官）で、「一体何なんだ、涙で決まるっていうのは。こちらから何か言っても、「できません」「分かりません」ばかりで、全然、政策論議ができていないじゃないか」、「お前の役所は本当にひどいところだな」と散々言われました。

**前川**　それでいうと、臨教審の一つの成果は、文部省も政策官庁[2]になるべきだという方針が打ち出されたことですね。それが契機となって、大臣官房政策課という部署が初めてできた。

**寺脇**　それには前段があって、すでに臨調のときに、全省庁は政策官庁化すべきだという方針が打ち出されていたんですよ。私も臨調から帰ってきて、今度はこれをやってくれと、文部省の機構改革を担当させられた。大変でしたよ、「俺の部局をつぶすな」とか省内で言われて。みんなから反対されました。

よその省でも機構改革が進められて、通産省産業政策局のように「政策」の文字が入った局が次々と作られたわけ。ところがわが方は、企画室を政策課にしただけだった。情けない話ですが、「改革せよ!」と言われて、他の省庁はビシッと政策官庁化できたのに、文部省だけが成果を上げられなかったわけです。それもあって、文部省をなんとかしなくてはということで、臨教審ができたんです。

**前川**　当時の文部省は、白書すら満足に作っていなかった。五年に一度、「我が国の教育水準」っていう統計資料集みたいなものを発行して、それを「教育白書」と呼んでいました。

**寺脇**　こういう流れのなかで、「教育の自由化」路線を押しとどめるために、臨教審のときに自由化抑制派の委員から出たのが、「不易と流行」という言葉。これまでの文部省は、

2——法整備や政策立案などを主たる業務とする官庁のこと。

たしかに守旧的にすぎた、だから、変えるべきところは変えていく、ただその一方で、不易というものがあるということを、ひと言で表現できるようになった。

ところが、いまの規制改革論議では、「不易」の部分がロクに考えられていなくて、流行を追いかけていけばそれでいい、と思われている。その結果どうなるのかが軽んじられているわけですよ。

## †農業高校はいらない!?

**寺脇** あまり知られていないことですが、九〇年代初頭には、農業高校が滅ぼされかねないところまで追い詰められていた。これは、「不易」の部分が軽視された典型例と言っていいし、ちょうど私はその現場に立ち会っていたので、今度はその話をしてみましょうか。

私が九二年に職業教育課長に就任したときのことです。挨拶回りをしていたら、先輩たちが、「お前がやるのか。最後の職業教育課長になるということだな」と口々に言うわけですよ。「えっ?」と思って、話を聞いてみると、いまや農業高校に行きたいという生徒はほとんどいないし、世の中の流れから言っても、ホワイトカラー化がますます進むのだから、農業高校はなくして、すべて普通科高校にすればいいという話が、政府・自民党から出ているというんですね。

じつは、多くの国民が、それを望んでもいた。すべての高校を普通科にすれば、いくら偏差値が低くても、だれでも普通科高校に行けるようになる、と。当時、普通科に進学できない生徒は商業科に行き、商業科がダメなら工業科に、それも無理なら農業科に行くっていう、悪しき序列ができていた。

**前川**　当時は「普商工農」という差別的な言葉が、中学校の現場でも使われていました。高校におけるカースト制度のようなもので、偏差値によって輪切りにされて、工業科にも行けない成績の悪い子が、他に行くところがないので仕方なく農業高校に行く。そういうことが常態化している時期があったんですよね。

**寺脇**　子どもがそんな目に遭うのはかわいそう、だったら全部、普通科高校にしてくれればいいというのが、当時の世論だった。

当時、自民党の議員などがどう考えていたかというと、農業高校をいきなりゼロにするわけにはいかないので、一ブロック一校にし、全国で八校まで減らせばいいという考えだった。自民党に呼ばれていって、議論をしたんですね。たしかに当時、農業高校卒業後にすぐ農業に従事する人って、高校に置き換えると、全国で八校分くらいの人数しかいなかった。だから理屈は一応、通っている。

**前川**　高校を全部、普通科にしてしまうという考え方は、やっぱりおかしいですよね。義務教育後の教育として多様性は必要だし、本当に農業を学びたいという一五歳の子は存在するんだから。

**寺脇**　ところが、新自由主義的な考え方からすると、農業高校があるから、しぶしぶ進学することになるのであって、それなら、さっさとなくしてしまえばいいという、無茶な話になってしまうわけ。だけど、同じ東北地方でも、青森と宮城では気候も風土も違うから、農業のあり方も違ってくるわけですよ。それを無視して、一つのブロックにつき一校なんてことにしてしまったら、後で大変なことになるのは目に見えていた。

当時はまだバブル景気の余韻が残っていたから、食糧は外国から買えばいいし、もし農業をやるなら、外国人を雇い入れて、やらせればいい、わざわざ日本人がやることはないと、真面目に主張する人すらいた。いま考えれば、二〇年、三〇年先の日本にとって、農業高校は必要だったわけですよ。

ただ一方で、私は検討もせずに従来通りでいいとする守旧派じゃないし、その頃はまだ農業のことをよく知らなかったから、いずれ農業高校はなくなってしまうかもしれない、ホワイトカラー立国というのも一つの選択肢としてアリなのかもしれないと、頭の片隅でチラっと思うこともあった。これはね、規制緩和のような、そんな小さな話じゃないんですよ。「国のかたち」はどうあるべきかという大問題に直結してて、「規制緩和をすればそれでよし」といった、単純な話じゃないんですね。

結局、あれこれ考えて、この問題を解決するには、道は二つしかないということが分かった。一つは、規制緩和論者が主張するように、職業高校はすべてなくして、普通科だけにするというもの。もう一つは、偏差値輪切りのせいで嫌々ながら進学するような状況そのものをなくす、というもの。どちらがいいのか、立場上、しかるべきタイミングで腹を決めなきゃいけない。それで、半年間、研究しました。

## †半年間の研究で出した結論

**寺脇**　最初に私がしたのは、農業高校はほんとうにいらないのか、話を聞いて回るということ。生涯学習の担当をしていたときの仲間が各省で課長補佐とか企画官をしていたので、通産省とか建設省であれば、工業高校はもういらないのかどうか、すべて普通科にしても大丈夫なのか話を聞き、農水省であれば、農業高校を廃止しても問題はないのか、意見を聞かせてもらった。その際、いま必要なのかどうかだけでなく、二〇年後、三〇年後を見据えてどうなのか、未来予測も聞かせてもらったんですよ。じつは官僚って、日本一のシンクタンク集団と言われるほど膨大な情報を持っているんですね。

そんなふうにして、各省めぐりをする一方で、日本中の農業高校を回って、先生たちと会って酒を飲んで、話を聞かせてもらいました。この人たちに、どれほどやる気があるのか、知りたかった。せっかく残しても、「どうせ農業高校なんて」という気持ちでいられたら、お話にならないので。

半年間の研究で、農業高校は残すべきだという結論に達しました。建設省も通産省も工業高校は必要だと言うし、農水省も農業高校は必要だと言う。そして現場の先生方も、みんな自分の仕事に誇りを持っていた。

生まれて初めて農業高校を見学した時のことを、よく覚えています。県立熊本農業高校といって、熊本平野に広大な敷地を持っていて、すばらしい農場があって、農業科、園芸・果樹科、畜産科、食品工業科、農業土木科といった学科が用意されているわけですよ。しかも、設立されてから、一〇〇年以上が経っている（明治三二年〔一八九九〕年に創立）。それを見た瞬間に、農業高校をつぶすということは、この学校が一〇〇年かけて育ててきた農地をつぶすことでもある、これはいかんなと、直感的に思ったんですよ。

とすれば、農業高校を残すしかない、と腹が決まったときに、「脱・偏差値」という神風が吹いてきた（笑）。実際、偏差値輪切りをなくすことと、農業高校を残すことはセットなんです。

## †農業高校の復活

**前川**　それによって「不本意入学」が解消されたんですよね。さきほども言いましたが、当時は本人の希望とは関係なく、偏差値が低いから農業高校へ行けといった、偏差値輪切りの進路指導が行われていました。逆に、勉強のできる子が、農業の勉強がしたいから農業高校へ行きたいと言っても、「農業の勉強がしたいんだったら、大学に行ってからでも遅くはない。まずは普通科に進学しろ」といった、強引な指導が行われていた。

それが今では、農業に関心があるから、農業をやってみたいから、農業高校に進学するというふうになってきました。とくに女子が元気ですね。偏差値とは関係なく、将来、こんな仕事をしてみたいから、農業高校に来たという子が増えています。

**寺脇**　富山の立山の山腹に中央農業高校という学校があって、山の上から富山湾を見下ろす素晴らしいロケーションなんだけど、交通の不便なところなので、入学者のほとんどは寮に入らなくてはならないのね。そうすると、しぶしぶ来ている子も、かつては少なくなかったから、ゴールデンウイークを過ぎると、半分くらいが退学しちゃう。これではいけないと思いました。

それで、偏差値輪切りをなくすために、中学校が行っていた業者テストを取りやめることにし、それと同時に国立大学に対して、農業高校や工業高校からの進学枠を拡大するよう、強く求めたんですね。理解してくれる大学も結構あって、同程度の成績なら、農学部などの場合、普通科よりも農業高校に行ったほうが進学に有利な状況が生まれてきた。

　農業高校のカリキュラムにも、じつは問題があって。当時は、せっかく入学しても、一年生のあいだは、数学Ⅰとか英語などの必修科目ばかり。農業科目は、せいぜい週に二、三時間しかなかった。二年生になると、農業科目が増えるわけですが、多くの生徒が一年生の段階でくじけてしまう。「農業の楽しさなんて分からないから、嫌だ」といって退学する子も少なくなかった。

　そんな状況だったので、一年生の段階で、農業科目の授業を増やすようにしたらどうかと農業校長会に対して提案しました。すると今度は、先生たちから、「数学Ⅰをやる時間がありません」とクレームがついた。でもね、数学Ⅰは一年生のうちにやらなきゃいけないなんて、どこにも書いてないわけです。だから、必修科目の一部は二年生になってからやればいい、そう言ったんですよ。すると今度は、一年間、ブランクがあいてしまうのは、数学を学ぶ上でよろしくないと反論が返ってくる。いやいや、数学が嫌いでできない子も少なくないんだから、一年ぐらい途切れても問題はないし、それよりむしろ、農業に関心をもってもらうほうが大事でしょうと。

そんなふうに戦ったわけですよ。

**前川**　農業高校は本当に復活を遂げましたね。

数学に関していえば、高校の必修科目から外したほうがいいと、ずっと思っています。数学が必修になっているせいで、ドロップアウトする子が少なくありません。

ある高校で土曜日の自主学習を支援するボランティアをやったんですが、苦手克服のために勉強している教科は、半数以上の生徒で数学でした。私は、英語、歴史、政治経済などは十分教えられると思って参加したんですが、数学の問題が分からないから教えてと頼まれ、一緒に問題を解こうとして、正直あせりました。私にも分からなかったんです。相手は高一で、やっている問題は中学数学の復習みたいなレベルなんですけどね。

国際比較しても、後期中等教育で数学を必修にしている国は珍しいと言われます。日本の高校生にとって、一番「やらされ感」が強い教科が数学じゃないかと思いますね。どう

3——民間業者が作成した、中学生を対象とする学力テスト。これにより偏差値を測定し、志望校を決める際の判断材料とした。都市部の私立高校などでは、単願推薦などの希望者を選抜する際の資料として調査書のほか、業者テストによる偏差値の提出を中学校に求めるということが行われていた。

して数学を勉強しなきゃならないのか、ほとんどの生徒にはまったく分からない。農業を営む上で、数学がこのように使われているのだということが分かれば、学習意欲も持てると思うんですけどね。

**寺脇** そうやって以降の卒業生の中には、立派なベンチャー農家になって、高品質の野菜をつくって成功している三、四十代も少なくない。海外の農産物にも負けない強い農業が育ってきたわけです。私が職業教育課長になったのが九二年だから、あれから四半世紀近くがたった。よく言うことですが、教育というのは、短期間で結果が出るものではないし、いま何が必要なのかも、二、三十年先を見越して考えなくてはいけないわけです。

すべては生涯学習という考え方があればこそ、なんだよね。生涯学習がなかったら、業者テストの廃止も、偏差値追放も、家庭科の男女必修も、総合学科の制度化も、なかったと思う。

## †業者テストの追放

**寺脇** 農業高校を残すことに関して、偏差値輪切りにもとづく悪しき序列(「普商工農」)をなくすには、業者テストをやめさせる必要があったという話をしました。

生涯学習という考え方からすれば、早晩それは、なくなるべきものだった。そこへ、鳩山邦夫文部大臣の「業者テスト追放」という鶴の一声があって、一気に状況が変わった。

といっても、臨教審の後の、二度にわたる中教審答申[4]によって、この流れはすでに用意されていました。

こうした中で、竹内克好・埼玉県教育長が九二年秋に、「業者テストの偏差値を、高校に提供してはならない」と、埼玉県下の教育委員会と公立中学校長に指導したんですよ。それを知った鳩山大臣が、業者テストにもとづく偏差値輪切りは「公教育において、あってはならない」、「不正常というより不正義」といった発言をして、この問題に一気に火が付いた。

とにかく業者テストの実態を知る必要があるということで「緊急調査」を行ったところ、全国ほとんどの公立中学校が民間業者の作成したテストを有料で生徒に受験させ、その結果の偏差値で進路指導をしている実態が分かった。そうした深刻な状況にあることが分かって、鳩山大臣の決断で、九四年度入試から、中学校は業者テストの偏差値を進路指導に使わないよう、全国の教育委員会に指導することになった。

4——中教審は九〇年に「生涯学習の基盤整備について」答申をまとめ、九一年には、受験競争の緩和を提言。学区制の再検討、受験機会の複数化などを提案した。

**前川**　あの時は、またたく間に事態が動きました。「天の時　地の利　人の和」という時の、「人の和」が結構、大きかった。鳩山大臣が「よしやれ」という方でした。

**寺脇**　下からの意見を聞いて、「よしやれ！」じゃない。あの人が、「やれ！」と言ったんだ。

**前川**　そうですか（笑）。「そうだ、やる！」という竹内さんとの連携があって初めて実現できたと思うんですね。

**寺脇**　たしかに、きっかけを作ったのは竹内さん。

竹内教育長は信念を持った人で、その竹内さんが文部省にやってきて、「中教審答申には、偏差値に頼った進学指導はよくないと、二度にわたって書かれています。それに従って、埼玉県ではこれまでのやり方を改めますが、文部省として何か問題はありますか」と。その話があって、埼玉県を支持するかどうか議論になって、中教審答申に書かれてあることですから、鳩山大臣は当然、支持すると。それだけでなく、「全国でそれをやれ」と決断されたんです。

職業教育課長の私は進路指導の担当でもあったので、これを手がけることになりました。

**前川**　それまで公立の中学校は、どこでも業者テストをやっていて、テストの結果から弾き出された偏差値をもとに、「お前は偏差値が低いから農業高校だ」と、偏差値輪切りの進学指導を行っていました。

**寺脇**　表向きは「生徒のため」と言いながら、当時はまだ高校全入になっていなかったから、どの高校のランクがどうとかいった、生徒にとって意味のない秩序を守るために行われていたんですよ。

しかも、業者が作成したテストですから、金を取るわけです。「義務教育は、これを無償とする」という憲法二六条の趣旨に反しているんじゃないか。しかも、業者テストを受けなければ、高校には行けないという話をしていたのなら、大問題です。

**前川**　私の記憶では、鳩山大臣が「これは人身売買だ」といった、かなり強い言葉を口にされていましたよね。

当時は、中学校の進学指導の先生と、業者と、高校がつながっていて、業者テストの結果に基づいて、「この生徒は、そちらの高校に行かせますから」といった、いわば取り引きが行われていた。このトライアングルを指して、鳩山大臣は「人身売買だ」と批判されたわけですね。

**寺脇**　建設業界の談合と同じことをやっていた。

ひと言でいえば、フェアじゃなかった。偏差値という数字を使っているから、みんなフェアだと思い込んでいたけど、実態は競争入札になっていなくて、「うちはこのあたりを採るから、おたくはそちらを採って」と、まさに談合になっていた。

昭和三〇年代だったらまだしも、平成に入ってからも、まだそんなことをやってたわけですよ。戦後の、とくに昭和三〇年代になると、高校進学を希望する生徒が急増して、高校のほうで、それだけの人数を受け入れる余裕がなかった。高校の数が足りなかった。こうした中で、過当競争にならないよう、偏差値を用いて、「お前は偏差値が低いんだから、我慢してくれ」と言っているうちは、理解できる面もあった。ところが、九〇年代になって、高校の数は足りているのに、相変わらず、談合で済ませていることが、問題でした。ただ、業者テスト追放の通知を出してからが、本当に大変だった。業者テストの結果にもとづいて、子どもたちの進路先をきちっと決めるという、昭和三〇年代からのやり方を真面目に踏襲してきた鹿児島県とか香川県といった自治体からの反発が、とにかくすごかった。急に変えろと言われても、できないと。この岩盤（笑）を突き破るのは、並大抵のことではなかった。

**前川**　日本中の中学校が業者テストに依存して進学指導をしてましたから、いきなりやめろと言われて、これじゃあ進路指導ができなくなると、各地から批判の声が上がった。

**寺脇**　だから、あの時は日本中、飛び回って、教育委員会を説得し、ＰＴＡに理解を求め、ということをやっていた。

最終便の飛行機で羽田空港に着いたら文部省へ行って、朝には羽田から飛行機で地方へ行き、ふたたび夜に飛行機で戻ってきて役所に顔を出すという、そんな日が半年以上続いたわけですよ。

鳩山大臣が、業者テスト追放を言い出したのが、九二年の一〇月あたり。できれば自分が大臣でいる間に何とか実現させたいから、「来年の四月から、やれないか」と言うわけですよ。それが、いかに難しいことか、説明しなくてはならない。

「来年の四月というのは、無理です。現在、すでに来月の高校進学のための進路指導が始まっています。申し訳ありません」「いつなら、できるんだ」「再来年の四月には必ず」ただ、再来年の四月には、文部大臣の任期が終わっている可能性が高い。それでも仕方がないと納得してもらって、「ならば再来年には必ず、やれ」と。じつを言えば、それでもスケジュール的にはかなり無理があったんです。

大臣が「やれ」と言ったら、その通りにするのが役人の務めだと言う人もいますが、本当は大臣のためでなく、国民のため、なんです。いたずらに国民に負担を強いたり、無用な混乱をもたらすようなことは、すべきじゃない。

## †性急に進められた学校週五日制

**寺脇**　業者テスト追放が始まる直前のことですが、じつは苦い思い出があります。突然、九二年九月から、学校週五日制を導入しろということになった。

月一回、土曜日を休みにするというのをいつ決めたかというと、九二年の二月。各都道府県に通達を出したのは、なんと年度末ぎりぎりの三月二六日でした。

宮澤喜一内閣のときでしたが、三月というのは、学校では次の年度計画がすべて整っている段階です。しかも、全国の保護者や国民にきちんと説明できたのは、五月の末ぐらい。もう年度が始まって二カ月近くたっているわけです。

日本の小中高等学校って、三月中に年度計画ができていて、四月から、遠足は何月に、学園祭は何月にと、そのスケジュールに沿って動いていくのに、三月も末になってから、いきなり、九月から月一回土曜日は休みにすると指示が出されたわけですから、大変です。まして保護者からすれば、五月末にはじめて、三カ月あまり先からそうなると知らされたのです。

**前川**　第二土曜日でしたね。月一回、第二土曜日を休みにしたんです。

**寺脇**　当時はまだ、生涯学習局にいましたから、学校が週六日間も子どもをあずかるのは大変だし、地域や家庭で子どもが過ごす時間を増やすべきだという立場で、学校週五日制を早く導入すべきだと考えていました。

ただ、あの時は、いくら何でも急な話で、国民不在だと思って、少なくとも来年度から実施ということにならないかと思った。なにしろ、国民生活に大変な影響を及ぼすんですから。

それでも強行したのは、よくよくのことがあったからで、文部大臣よりも、もっと上の判断だったと思う。当時は宮澤政権でしたが、厳しい状況にあって、社会党と取り引きをしたのか、あるいは、最近指摘されるようにアメリカから圧力をかけられたのか、とにかく、急遽、導入することになった。でなければ、あんな無茶なことにはならないはずですよ。

もちろん学校は、文部省が「やれ」と言えばしたがうんだけど、地域や家庭に対して説明をするのは、地域や家庭を担当する生涯学習局の私の担当だった。それはもう、非難ごうごうで、「これまで、タダで学校があずかってくれていたのに、それをこっちに押しつけるのか」「そんなもの、急に決めるな」と、とにかく大変でした。

総理が決断した、大臣が決めた、それは結構ですよ。だけど、それが国民にとって、あるいは学校現場にとって、ひいては子どもにとって、どうなのかという問題は残ります。

実際、鳩山大臣が「来年四月から、全国の中学校での業者テストは廃止だ」と言い出したとき、事務次官も局長も、「今からでは、とても無理です」と諌《いさ》めたわけです。
ところが大臣は、「俺の言っていることは、間違っているか？　お前たちだって、ずっと実現させたかったんじゃないか。いま俺がゴーサインを出してるんだから、やれ！」と。来年はどうしても無理だということを、なんとか納得してもらって、その代わり、「再来年は何がなんでもやります」となったわけです。

## 家庭科の男女必修と岩盤規制

**寺脇**　私は自分のことを、「生涯学習原理主義者」だと思っていて（笑）、高等学校での家庭科の男女必修も、その一環として推進したわけですよ。
ところが当時は、なんで男が家庭科をやらなきゃいけないんだと、大反対に遭った。守旧派がいて、それがネックになっていたわけです。

**前川**　女子だけが家庭科を学ぶというのは、今ならどう考えてもおかしいでしょう。だけど、当時はそれが当たり前だと考えられていて、中学の場合でいえば、男子が技術で、女子は家庭科、高校であれば、女子のみ家庭科で、男子は体育という、おかしなことになっていた。

**寺脇**　だから、男子高校生は、やたらと体育の時間が多かった。なにしろ、女子と同じ時間数の体育の授業があって、その上で、家庭科の分も体育の時間になっていたわけだから。

それを男女必修にすると決まったとき、猛反対に遭った。ところが、その時から二〇年がたって、マスコミが男女必修の特集を組んだとき、何ひとつ悪いことは書かれていない。当時の男子高校生がイクメンになったり、共働きをしてたりして、あれはよかったねという話になっているわけですよ。ただ、そう言ってもらうまでに、二〇年かかった。岩盤規制に穴を開けたから、来年からいいことが起こるなんていう世界じゃないんですよ、教育行政の仕事は。

いま振り返ってみると、業者テスト廃止に反対、農業高校なんてどうでもいい、家庭科の男女必修にも反対、そして総合学科設置も反対という、四大反対勢力と当時は闘っていたわけです。その総合学科にしても、生涯学習という考え方がその根本のところにはあった。

## †総合学科の可能性

**前川**　総合学科というのはものすごく先進的な理念でした。高等学校の改革案は、総合学科を中心にやっていくべきだと、今でも私は思っています。

**寺脇**　総合学科は、自分が学びたいと思う教科を、自分でチョイスできるようになっているからね。それなのに、あまり増えていない。

**前川**　結局、総合学科というのは、一定の規模が必要なんですね。

生徒たちは、自分の進路を考えながら、自分自身でカリキュラムを作っていくという、まさに学習者中心の高校なんですが、そのためには、たくさんの選択肢が用意されていないといけない。選択肢を増やすには、一定の規模が必要です。

ところが少子化が進んでいるために、学校の規模は縮小傾向にあります。だから、これまでの高校を統合して総合学科にするケースが多いわけです。ただ、いまにも廃校になりそうな、規模の小さい高校同士を統合しようとしても、限界がある。こういう問題を抱えているために、なかなか増えないんですよね。

**寺脇**　もちろん、そういう問題はあると思う。

ただ、その一方で私は、二一世紀になったら、高校はすべて総合学科になると思っていた。前川さんが指摘したような問題は、じつは当時からあったんですね。

三重県の木本《きのもと》高校という総合学科をつくる際にも、場所が熊野の山の中だったので、選択肢がないじゃないかという批判の声があった。ところがその頃、高校の学習指導要領が改訂されて、それが生涯学習の考え方を取り入れたものだった。学校は単位制にしてもいい、授業は学校外で受けても単位として認める、ということになった。すでに放送大学が全国化していましたから、放送大学のスペイン語を受講するのを校長が認めれば、それも単位になるというふうに、制度が変わったわけです。もちろん、教員免許を持っているフルタイムの人が、必ず学校の教室で教えるべし、という条件がつく場合は、前川さんが言うように、一定以上の規模が必要になるんだけど、いま言ったように、単位認定の仕方をフレキシブルにすれば、いくらでも可能性は広がっていく。

普通科高校と工業高校を統合して総合学科ができたとして、普通科と工業科の合体だから、カリキュラムはその足し算でなければいけないと考えてしまうから苦しくなるのであって、もっと自由な発想でカリキュラムを組んでいるところは、うまく行っているわけですよ。

長崎県の離島（五島列島の福江島《ふくえじま》）にある五島海陽高校は、私の大好きな学校なんだけど、もともと商業高校だったのが立ち行かなくなって、総合学科にしたという経緯があるのね。総合学科だから、商業だけでなく、工業とか農業も教科に取り入れる。ところが農業を教えられる先生はそれほどいないから、地元の農家のところに行って、農業を教えてもらう。そんなふうに工夫次第で、いくらでもやれるんですよ。

**前川**　あの頃、学校外学習の単位認定の幅は、ものすごく広がりましたよね。

**寺脇**　そうですよ、ものすごく広がった。
大学の講義を受けるのも、専門学校の授業を受けるのもOKというところまで広げたし、学習指導要領に載っていない科目でも、公立高校であれば都道府県の教育委員会が、私立高校であれば校長が認定すれば科目として扱われるという、科目設定権が認められた。これはすごいことですよ。

**前川**　国語とか数学といった科目のほかに、たとえば「演劇」とか「ファッション」とかを設けることもOKということになりました。

**寺脇**　東京都の総合学科第一号、晴海総合高校（一九九六年創立）には、アメリカ映画を字幕なしで観て英語を学ぶという、「映画英語」という科目ができました。すでに、そういうことができるようになっているのに、旧来の学校観に引きずられていて、もったいないと思うんですよ。
初年度（一九九四年）なんて、死に物狂いで駆けずり回っても、七校しかできなかった。本当は一〇校は作りたいと思っていましたが、七校でも、涙が出るほど、嬉しかった。三重県でも島根県でも、文部省から出向している若い課長が頑張ってくれた。
ドリルでガッと穴なんて、開かないんですよ。難所だった道を安全に通れるようにと、禅海《ぜんかい》和尚が一人、ノミでコツコツとトンネルを掘った「青の洞門」（大分県中津市）のように、コツコツコツコツ、穿《うが》っていくしかない。教育の世界は、結果が出るまで、二〇年はかかると思わないといけないんですよ。

## †「ゆとり教育」をめぐる誤解

**寺脇**　「ゆとり教育」のことを誤解している人が、いまだに多い。だいたい三つのパターンに分けることができるんだけど、最初に言っておきたいのは、「ゆとり教育」というのは、子どもたちがラクをして済むものじゃないということ。

それで言うと、以前、福島県立福島高校に行って生徒たちと話をしたときに、こんなことがあった。福島高校というのは県随一の進学校で、多くの生徒が、「ゆとり教育」反対派だったんですよ。それで、自分たちを、「ゆとり教育」なんてものに巻き込まないではしい、余計なことをしないでくれ、というのが彼らの言い分だった。

**前川**　そんなことがあったんですか。それで寺脇さんは、どう説明したんですか。

**寺脇**　ある時期までの日本は、高度経済成長をひた走っていたけれど、いまや低成長どころか、マイナス成長の時代に突入しようとしているかもしれない。今後、少子高齢化がいっそう進んでいく中で、未来を予測するのは、ほとんど不可能といっていい。そういうところに、子どもたちを送り出すのは、とても残酷なこと。

そこで大切なのは、子どもたちが自ら未来を切り開く力をつけると同時に、お互いが助け合う力を身につけること。じつは、「ゆとり教育」が目指しているのは、そういうことなんだと説明したわけですよ。

そしたら、なんだ、「ゆとり教育」っていうのは、自分たちをラクさせようとするものじゃなくて、苦労させようって話なのかと納得していた。

実際、社会の変化が激しい今のような時代に、知識を詰め込むような教育だけでは、子どもたちの生きる力には結びつかないわけです。自ら好奇心をもって学び続けることが何より大事で、教育はその力になれるよう、変わらなくちゃいけない。

それこそ、東京オリンピックだなんて浮かれている場合じゃなくて、実際、多くの人が、オリンピックが終わったら大変なことになると思っているわけでしょう。文科省にしても、そういう時代がやって来ることを見越して、それこそ二〇年、三〇年先のことを考えながら、やってきたわけですよ。

**前川**　「ゆとり教育」と呼ばれたものが、子どもたちをただ遊ばせること、子どもたちを放置するものというふうに誤解している人は今も多いんじゃないでしょうか。

教科書を薄くしすぎたというような問題はあったかもしれませんが、「ゆとり教育」と言われたものの本質を見失ってはいけないと思います。

**寺脇**　ゆとり教育の根本理念は、前川さんがさっき話してくれたように、「個人の尊厳」と「個性の尊重」、「自由・自律」という「個性重視の原則」にあるわけです。けれど、そういう考え方に賛成できない人たちがいた。大別すると三パターンがあって、その一つが、守旧派です。

ひどい人になると、「子どもは犬や猫と同じなんだから、叩いてでも何でも、教え込まなければいけない」とすら、発言していました。そんなふうに、この手の人たちは、学校とはひたすら知識をつめ込む場であって、学ぶ側の主体性なんて、どうでもいいと考えている。

第二のパターンは、新自由主義の信奉者たちで、彼らが理想とする世界では、器用に振る舞って、とにかく競争に勝たなくてはいけないから、「競争から共生へ」なんて、甘っちょろい言葉遊びにしか思えないんでしょうね。そこでは、他人を押しのけてでも、ナンバーワンにならなくては意味がない。

最後のパターンは、ゆとり教育を導入して、個人の自由に任せていたら、格差が拡大するからいけない、すべての人が画一的に平等でなければ格差は解消されないと考えている人たちで、この手の人たちは左翼に多い。一見なるほどと思わせますが、平等一辺倒はイコール画一一辺倒であって、そんな息苦しい状態はたまらんでしょう。

**前川**　「自由と平等」というときの、平等のほうに比重を置きすぎているわけですね。

## †教育は二〇年

**寺脇**　結局、この三種類の反対にさらされて、なかなか理解が得られなかった。

それで言うと、村山改造内閣のときに文部大臣だった島村宜伸《よしのぶ》さんから、大臣を辞めた後に、こんな話を聞かされたことがある。「じつは自分は学校五日制には反対だったんだよ。でもな、あとから来て、これまでずっとやってきたことを、急にやめるとか言えないだろう」と。あの頃の大臣は「俺が俺が……」ではなく、大局的に判断する度量がありました。

たぶん大臣に就任なさった時にも、それを口になさったはずなんです。それを官房長とか事務次官とかが寄ってたかって、「いや大臣、これはもう、何年もかけて進めてきたものので、歴代の大臣も、これでやると言ってきたものですから。こういうものは、やるといっておいて、急に撤回できるようなものではありませんので」とか説明して、納得してもらったはずなんだよね。

そういう、官僚が政治家の判断に対して必要な進言をして歯止めになる装置がなくなってしまった。人事権を盾に、耳障りなことを言う役人を排除するのが昨今のやり方。政治家に諫言《かんげん》する役人が排除されるのだったら、もはやそれは、民主主義とは言えない。

**前川**　文科省の場合、時間をかけて審議会で議論をし、いったん決めたことは、学習指導要領のように、一〇年はそれでいくというパターンが多い。

**寺脇**　一年ごとに、教育内容を見直していたら、「ゆとり教育」は短命に終わっていたはずです。

実際は二〇〇二年度から九年間はそのままの内容で続きました。二〇一一年の学習指導要領の改訂時だって、学校五日制も、総合学習の時間も、とくに問題はないということがはっきりして、今もそれは続いているわけですね。ただその一方で、数学などの時間は増やす必要があるという話になって、これについては見直しがなされた。

そうやって決めていくものであって、それを経済官庁のように、やれクールジャパンだビジット・ジャパンだと、その時々の流れに乗ってやっていれば何とかなるようなものではないですよ。

「教育は国家百年の計」って、みんな簡単に口にするけど、それは言葉の綾《あや》みたいなもの。私は「教育は二〇年」だと思ってる。二〇年というのは、ちょうど一世代変わる時間なんですよ。

「ゆとり教育」にしても、何だかんだ言われながらも、一五年たった。あと五年ほどすれば、それを受けた子どもたちが皆、二〇代になって社会に出てくる。そのとき、彼ら彼女らがどうなっているのかで、評価が定まるわけです。ですから、数カ月で株価が上がったとか、そういう世界とは全然違う。

森有礼が「自警」で言っているのも、そういうことなんだろうし、だからこそ、他の省庁と比べたりせず、「その職に死するの精神覚悟」をもって、自らの職務を果たせと言ったんだと思うんですよ。

教育行政というのは、長い時間軸のもとで、将来のことを見据えて、未来をつくっていく仕事です。文部官僚はみんな、それがやりたくて文科省に入っている。

**前川**　じっくり議論をし、社会的コンセンサスを形成しながら政策決定をしていくというやり方は、教育行政に特有のものかもしれませんね。一年や二年の短期的な成果を追求するものではないし、五一対四九という多数決で決めるべきものでもない。

## †嵐のようなバッシングの中で

**寺脇**　ただ、世間からは、売国奴とか国賊とかののしられて、正直、キツい思いをしたこともあった。元文部事務次官の木田宏さんと、たまたま会う機会があったのは、「ゆとり教育」のせいで学力が低下したとか、ひどい中傷にさらされていたときで、その言葉に、ずいぶん励まされました。

私はもともと木田さんに、特にかわいがられていたわけではないのね。でもそのとき木田さんは、

「寺脇くん、学校っていうのは、勉強のできない人間のためにあるんだよね。だから本当は、勉強のできない子から入学させなきゃいけない。ただ、われわれの時代は学校の数が足りなくて、申し訳ないけれども、勉強のできる子から入れることになってしまった。けれど、こんにちのように、学校不足が解消されて、ほとんどの子が高校にも行けるようになったら、できない子から入学させるのが、筋じゃないかね」

とおっしゃったんですよ。

おそらく木田さんは、若い頃に、できることなら全員、高校に行かせてあげたい、大学に行かせてあげたいと思っていたんでしょう。けれど、当時はまだ貧しい時代で、家庭の事情で、中学に行くのも難しいケースが少なくなかったから、随分悔しい思いもしたと思う。木田さんは、力のない人間に力をつけることこそ教育だという意識を、はっきりと持っていたと思うんですよ。

**前川**　戦後の新制高校は、もともと希望者全入の理念のもとにスタートしたんですよね。でも学校を十分作れなかったから、入学試験で選別せざるを得なかった。木田さんはその

理念と現実のはざまで苦しい思いをされたんじゃないでしょうか。

**寺脇**　変な話だけど、「ゆとり教育」に対して、バッシングの嵐が吹き荒れていた時も、OBの大先輩たちからは全然怒られなかったね。私の尊敬する先輩たちが、これでいいと思ってくれているということが、じつは私のバックボーンになっている。

**前川**　近代以降の、日本の教育の流れを見ていくと、大正自由教育が花開いた時期もあるし、戦後は戦後で、教科書の知識を覚え込むよりも、学習者の経験こそが大事だとする経験主義的な教育が広がりを見せた時期もあって、意外と多様なんですね。

こうして振り返ってみると、一人ひとりの個性、自主性を伸ばしていこう、大事にしていこうという考え方は連綿と続いていて、なくなりはしない。揺り戻しの時期があってそれが抑え込まれることはあります。ですが、そうしたことを繰り返しながら、少しずつ進歩していると、私は思いたい。「ゆとり教育」も、じつは昨今のアクティブ・ラーニングにつながっていると、私は思っています。

## †小渕総理と「ゆとり教育」

**寺脇**　「ゆとり教育」に話を戻すと、小渕恵三総理のときに、いよいよそれが本格化するわけです。

じつは最初のころ、小渕総理のことをよく知らなかったから、正直なところ、あんなにすぐれた方とは思っていなかった。

ご自分でも、能力が足りないのをおぎなうため、いろんな人に教えを乞うべく、突然電話をかけていたから、小渕とテレフォンをかけて「ブッチホン」なんて言葉すら生まれて。でも、そんな見方は完全に間違いだと分かった。小渕恵三という総理を、私は最も尊敬しています。今の総理とは真逆で、能力はとてもあるのに、それを見せびらかしたりしない。

**前川** 小渕総理は一見、凡庸な方に見えましたからね。

**寺脇** 当時私は政策課長で、佐藤禎一《ていいち》さんが事務次官だった。

それで、小渕さんが総理になって一年ぐらい経った頃に、後に財務事務次官となった細川興一《こういち》さんという大秘書官の発案で、各省の事務次官に、自分の省が今やっていること、これからやろうとしていることを、大臣抜きで、直接、総理にご進講させようということになった。これは異例中の異例なんですよ。

ある意味、官邸主導をやるためだったと思うんですが、文部省からは、佐藤次官が教育改革の方向性を申し上げたら、小渕総理も細川秘書官も、これはすごいことをやろうとしているんだなと。それで一気に、官邸と文部省の間が、急接近していった。とくに細川秘書官は、佐藤さんに惚れ込んで、連絡役である私のところに、しょっちゅう電話がかかってくるようになった。施政方針演説を書くときにも、教育をどうするかが必ず大きな位置を占めた。小渕総理は、何より個人の尊厳を大事にする人でしたしね。

**前川**　必ず、そこに「個と公」という言葉を入れてたんですよね。

**寺脇**　そうそう。大切なのは「個と公」であって、「公と個」じゃないということが言いたいわけです。

自民党の考え方の根っこは、基本的には「滅私奉公」。この言葉が大嫌いで、でも逆に「滅公奉私」というのもいかんと。「個あって、公なし」でもなく、「公あって、個なし」でもなく、あくまで「個と公」。そういう思いがあったんだと思います。

こうした中で、「個人の尊厳」を基本理念とする生涯学習のことを聞いて、小渕総理は、「これだ！」と思ったはずです。

それで小渕総理は、教育改革について幅広く議論を深めるために、教育改革国民会議という私的諮問会議を作った（二〇〇〇年三月）。今の総理みたいに、自分のやりたい改革のために「お友達」を集めて教育再生会議だの教育再生実行会議だのを作るのとは違う。藤田英典さんのような左翼系の教育学者までメンバーに入れて幅広く議論させようとしたんです。ところが、会議のスタート直後に亡くなってしまって、後を継いだ森喜朗総理が、教育基本法を改正するための会議に変質させちゃったけど、立ち上げの際に、小渕さんは、こう言われたのね。

「君らがやろうとしている、ゆとり教育は、ものすごい逆風にさらされるだろう。従来の考え方からすると、なかなか納得がいかないんだよ。

学力が下がったと言われるだろうし、自由・自律とか、ゆとりを持たせるとか言ったら、わがまま勝手な人間が育ってしまって、それこそ、「個あって、公なし」だと言われてしまうだろう。

けれど私は、総理の仕事として、個と公は両立し得る、「個あってこそ公」ということを、教育改革国民会議をとおして、示していく。中身のほうは、お前たちでやってくれ。私はお前たちをサポートする。これが、あるべき官邸主導ではないだろうか」と。

**前川**　その話は知らなかったです。感動的な話です。

**寺脇**　感動的だよ。今でも、当時を知るかつての部下と飲むときに、そのことが話題になって、「あのときは本当に感動したよな」って話をしてるよ。

もう一つ、忘れられないことがある。一回目の教育改革国民会議のときに、「この本を委員全員に配ってくれ」と言われたのが、池田潔さんの『自由と規律――イギリスの学校生活』（岩波新書）だった。

それが、総理の強い意思だったんですよ。教育において重要なのは、「自由と規律」なんだと。「規律」の前に「自由」が来るわけだよね。「自由と規律」、そして「個と公」。本当に、惜しい人を亡くしてしまった。なにしろ一回目の会議の六日後に倒れ、意識不明のまま亡くなってしまったんだから。

**前川**　『自由と規律』ですか。中学生のころから何度も読み直した本です。小渕さんには、もっと長くやってもらいたかったですね。

**寺脇**　そう、小渕さんがあのとき死ななかったら、日本は変わったと思う。

**前川**　本当に……。いい人って、短命なんですかね。

**寺脇**　少なくとも新自由主義が今ほど席捲《せっけん》することはなかった。

第3章

# このクビと引き換えにしてでも……

## †「クビと引き換えに……」

**寺脇**　小泉内閣のとき、地方分権を進めるための三位一体の改革[1]が進められ、この流れの中で、義務教育費国庫負担制度の存廃が中教審で議論されました。二〇〇五年のことです。

義務教育費国庫負担制度っていうのは、教育の機会均等を図るために、公立学校を設置している各自治体に対して、国が経費の一部を負担するというもので、これが廃止されたりしたら、大変なことになっていた。

**前川**　義務教育費国庫負担は、いまの教育制度の根幹をなすものの一つなんですね。これがなくなってしまうと、学習者である一人ひとりの学ぶ機会、私流にいえば「学習権の保障」がひどく損なわれてしまうと、危機感を持ちました。

**寺脇**　あの時、前川さんは、義務教育行政をまとめる初等中等教育局の初等中等教育企画課長という立場で、廃止に反対する論陣を張っていた。「奇兵隊、前へ！」というブログで持論を展開したことは、かなり知られるようになっているけど、その中に、こんなエピソードがある。

総務省の役人が中教審の委員に対して、義務教育費国庫負担金の廃止に賛成するよう説得し始めたとき、前川さんがそれはおかしいと反論したら、去り際にその役人が「前川さん、そんなこと言ってると、クビが飛ぶよ」と、捨て台詞を投げつけてきた。それに対して前川さんは、「クビと引き換えに義務教育が守れるなら本望だ」とブログに書いていたね。名セリフだね（笑）。

でも、この当時からそんな脅迫じみた口のきき方をする役人が出てきていたんですね。役人同士、それぞれの立場で意見を述べ合って議論するのは当たり前。私なんか議論して給料もらえるんだから、役人という仕事は楽しいと思っていました。議論を封じる恫喝じみた発言は、役人として恥だと軽蔑したものです。

**前川**　どこで生まれようと、どこで暮らしていようと、すべての子どもが一定水準の義務教育を受けられるよう保障するには義務教育費国庫負担金制度が必要で、なくすわけにはいかないと、三、四年の間、そればかりやっていました。この制度を残すのに、ものすごく苦労しました。

国庫負担制度を廃止すべきだと主張する人たちの理屈は、三位一体改革によって税源が地方に移譲されれば、それぞれの自治体は思い思いの政策ができるようになって、住民自

1――国が地方へ支出する補助金の削減、地方交付税の見直し、地方への税源移譲を一体として行うことを目指した改革。

治も実現するし、義務教育にしても自治体がやるものだから、税源移譲を機に義務教育費国庫負担金はいらなくなるだろう、むしろそのほうが、当事者意識が高まって、教育改革に積極的に取り組むようになるんじゃないか、というものでした。一見すると、地方の自由度を高める改革のように見える。

税源を移譲して、地方分権の確立を図るための改革なのに、なぜいけないんだ、文科省は既得権益を守りたいだけなんじゃないかと、散々、批判されました。

でも、この制度がなくなってしまうと、義務教育が、義務教育でなくなってしまうんですね。

どういうことかと言うと、自治体にも財源が豊かなところと、そうでないところがあって、富裕層がたくさん住んでいる自治体は税収も豊かですし、いろんな会社があるところなら法人事業税も入ってきます。たくさん物を売ったり買ったりする地域なら、その分、消費税も入ってくる。結局、経済活動が盛んな自治体は豊かなんですね。

他方で、僻地で高齢化が進んでいるようなところは税収も少なくて、何とか地方交付税によって公共サービスが維持できているような自治体も、少なくありません。

こうした中で、もし公立学校に必要なお金を、すべて自治体が負担することになったら、財源が豊かな自治体に生まれ育った子どもは立派な学校へ行けて、そうでなく貧しい自治体に生まれ育った子どもは、貧しい教育しか受けられないということになってしまう。そんなことになってしまったら、子どもたちの、教育を受ける権利が保障されません。

　実際、憲法二六条は「すべて国民は、（略）ひとしく教育を受ける権利を有する」と定めています。いくら貧しい地域であっても、少なくとも義務教育だけは、一定の水準が保たれなければいけないわけです。

　だから、いくら国の財源が乏しくても、そのためのお金は確保する必要があるんですね。国の財政がよかろうが悪かろうが、一定の義務教育費は確保し、各自治体に平等に支給する。その部分が、義務教育費国庫負担金なんです。

**寺脇**　義務教育でない高校教育は国庫負担制度ではなく各自治体次第です。広島県の教育長になったとき、県立高校の施設の貧弱さがとても残念でした。東京都立の高校なんか、豪華なビルディングみたいなところがいくつもある。それと比べてみたとき、広島県の財政力の乏しさがくやしくてなりませんでした。同じ高校生なのに……と。それが義務教育まで財政力によって差がつくなんて耐えられないです。

**前川**　にもかかわらず、公共事業の補助金と同一視されてしまったので、ものすごく頭に来たわけです。

　公共事業の場合、この事業にはこれぐらいの補助金をつけます、こちらにはつけませんといった、事業の採択というプロセスがあります。その際、わが県のこのプロジェクトにぜひ補助金をといったように、いろんなところから陳情に来て、それを査定していく。忖度が必要な政治家からご意向が示されたりすると、その事業には補助金が多めについたり。補助金の場合、そういう操作が可能なんですね。

それに対して義務教育費国庫負担金は、必ず支給するよう法律で決められているわけです。にもかかわらず、三位一体改革では補助金と一緒くたにされて、国庫補助負担金という名称で、地方への税源移譲分に入れられそうになった。

それによって得するのは、東京都だけなんですよ。それこそ、ガバッとお金が入ってくる。ところが他の道府県は、それほどの税収増にはならない。義務教育費国庫負担金制度を廃止することで、三兆円分のお金が地方に移譲されると言われていましたが、その多くが東京都に行ってしまう。自治体間で、教育の不平等が生じてしまうのが、目に見えていました。

## †義務教育費国庫負担金制度を守るために

**前川**　文科省にとって三位一体改革は、黒船が突然やってきたようなもので、それに対抗するには、何がなんでも制度を変えないというやり方ではとうてい無理で、改革すべきは改革するという姿勢で臨まなければ、義務教育費国庫負担金制度も守れない。そういう状況でした。

たしかに当時の制度には硬直的なところがあって、そこを批判されることで、まるで制度全体が悪いかのような誤解が生まれる恐れがあった。じつはそのことに気づかされる出来事が、二つありました。

一つは、鳥取県の片山善博知事が、文科省に文句を言いに来たことがありまして。少人数学級を実現させるために、せっかく教職員組合と交渉して、教員の給与水準を引き下げる代わりに教員数を増やすことにしたのに、給料を減らした分、国庫負担金も減額するというじゃないか、一体これはどうしたことかという話でした。

「なるほど、このままではいけない」と思いました。そこで、給与水準を引き下げて人員を増やす場合でも、同額の国庫負担金が出せるよう、制度を変えたんですね。これは「総額裁量制」といって、国庫負担金の総額内であれば、教職員の配置や給与額は自治体の裁量の幅で決められるという制度です。法律改正して二〇〇四年度から導入しました。

もう一つは、山形県が打ち出した「さんさん」プランというものでした。

国の標準では、一クラス四〇人を上限とし、一学年の人数が四一人から八〇人までは二クラスに、八一人以上になったら三クラスというように、四〇人に達したらクラスを一つ増やすことになっています。それに対して「さんさん」プランでは、一クラス三三人が基準なんですね。ただ、一学年を二クラスに分ける場合にそれを適用すると、一学年三四人のとき、一七人のクラスが二つできてしまう。一七人では少なすぎるということで、一学年が一クラスである場合は、四〇人までとするという方式なんです。

それで、山形県の長南《ちょうなん》（博昭）さんという当時の教育次長が、これからは四〇人ではなく、「さんさん」プランという独自の方式で学級編制[2]をしたいんですと、文科省に相談に来たわけです。

国の標準よりもよくしようとしている県があり、県の基準よりもよくしようとしている市町村があるとき、国民の常識に照らして、ダメと言えるわけがない。ですから私は、認めるべきだと言ったんですが、財務課の部下たちが、なかなかOKしてくれない。「法律で四〇人学級を標準とすると決まっているわけですから、ダメです。勝手に少人数学級の基準を作るなんて、認められません」と。

せっかく山形県のほうで少人数学級を実現させようと努力しているのに、それをやめさせたりしたら、文部科学省は信用されなくなってしまう。学級編制の標準を国がつくること自体がおかしいという話になってしまいかねない。

そもそも国の標準は、五〇人学級とか六〇人学級にならないよう制限をかけるためにつくられたものですから、一クラス四〇人を三三人に減らしたいと言われたときに、ダメだという理由はないんですよ。それをダメだと言っていたので、いや、これは認めることにしようと。

こうして少人数学級については、自治体が独自に導入してもかまわないと、方針転換をしたわけです。

**寺脇**　あれは本当に画期的だった。都道府県や市町村が、独自に学級編制をしてもいいという、すごい規制緩和をやったわけです。大事件といってもいい。

**前川**　ただその場合、これまでの方針と、まるきり違うことを突然やり出してしまうと、安定性を損なうことになるので、なんとか整合性を持たせようとしたんですね。

話は少し長くなりますが、特別な必要があれば、少人数学級も特例的に認めるという法律の条文は存在していたわけですね。その「特別な必要」が何なのかは、法律に明示されてはいませんでしたが、四〇人学級でなく、例外的に三三人とか三五人という、少人数学級にしてもかまわないと法律にも書いてありました。

山形県の場合、当初は小学校一年生と二年生に限って三三人学級を導入するという話で

2——児童・生徒を一定の基準に従ってクラス分けすること。

したから、であれば「特例的な場合」と言い得るので、認めたわけです。しかし、二年ほどすると、一年生から六年生まで全学年で実施したいと言ってきて、それは無理だと担当の係が言い始めたわけです。たしかに、全学年で三三人学級を導入するとなると、「特例的な場合」という説明は使えません。

**寺脇**　そこで知恵を出すのが役人の仕事だよね。法に反しない範囲で柔軟な処理をどうできるようにするのか。

**前川**　どうしたら「特例」だと言えるのか、知恵を絞って、結局、こういうことにしました。

一学年の人数が六六人を超えない限り一クラス四〇人を基準（原則）とするが、六七人以上になった場合は「特例」として一クラス三三人を基準とするというふうに、「原則」と「例外」をひっくり返すことにしたんです。こうすれば、特例的に少人数学級を認めるという条文にも抵触しない。このようにして、結局、小学校一年生から中学校三年生まで、すべての学年で三三人学級を認めることにしたんです。

ところが話はそれで終わらなかった（笑）。

山形県が三三人学級を始めたのを見て、他の県も少人数学級の導入を検討し始めたんです。鳥取県も、その一つでした。文部科学省が、四〇人学級という標準を維持しているあいだに、自治体のほうで、どんどん少人数学級を実施するようになった。これは文科省の想定を超える事態でした。

## †標準法の存在理由

**前川**　そもそも、なぜ標準法という、学級編制に関する法律ができたのかというと、敗戦からしばらくのあいだは、六〇人学級が珍しくなかったんですね。

すこし想像してみれば分かりますが、一クラスに六〇人もいると、いくら教師が頑張っても一斉授業しかできません。さまざまな体験活動をとおして視野を広げるといった、丁寧な教育は望めない。

こうした状況を改善するために、何年かおきに法律改正をして、五〇人学級、四五人学級と、学級編制の標準を下げていき、それに応じて国庫負担金を増やすことで、自治体が教員を増員できるよう、国がリードしてきたわけです。

ところが、国の財政が厳しくなってきて、四〇人学級のところで止まってしまった。そうこうするうち、今度は自治体のほうから、少人数学級を始めたいと言い出した。

当初、文部科学省は認めようとしませんでしたが、このままではさすがにマズいということで、少人数学級は可能だと、法律の解釈を変更したんですね。

すると今度は、少人数学級のために国庫負担金を使わせてくれと、自治体が言い始めた。なぜかというと、少人数学級を導入すると学級数が増えるので、その分、教員が必要になるわけですね。少人数指導のための加配《かはいう》は法律で認められていましたが、少人数学級のための加配は法令上、存在しませんでした。少人数指導というのは、算数・数学とか英語といった、理解度に差がつきやすい特定の教科において、子どもたちの習熟度に応じてグループ分けをして教師が指導するというもので、その場合、学習集団が増えますから、その分教師も必要になるので、加配が認められていたんですね。

少人数学級も、少人数指導の一環として解釈できるんじゃないかと、いろいろ知恵を絞ったんですが、どう考えても無理でした。法律の条文からして、こういう使い方をすると、法律違反になってしまう。

法治国家においては、法律に基づいて行政を行っているわけですから、法律で認められていないことをしてはいけないわけです。そこはきちんと守らないといけない。もちろん、必要に応じて法律の解釈を弾力的に変更することで、変えられることはあります。その場合も、この条文では、これ以上の弾力的解釈はできないという、限度があります。

ただ一方で、現場からは、小学校一、二年生のあいだは少人数指導はやらないので、少人数学級になんとか加配してほしいという要望がいくつも寄せられるようになっていました。それももっともな話なんですね。

少人数指導の場合、習熟度の違いによってグループ分けをしますが、小学校一、二年生をそんなふうに分けるのは、かなりナンセンスな話です。習熟度のバラツキが小さいわけですから。

それよりも、まずは学校という場で、集団生活に慣れてもらうことのほうが、よほど大事です。少なくとも、小学校低学年のあいだは、学級のサイズを小さくするほうがいい。実際、どの自治体でも、少人数学級を、小学校低学年から始めています。

筋から言えば、少人数学級にも加配がつくよう法律を変えるべきですが、それには何年もかかってしまうので、ひとまず暫定的な措置が必要だろうと、いろいろ考えた末にたどり着いたのが「調査研究」でした。

つまり、少人数学級の研究をするための学級編制である、ということにしたわけです。法律には、調査研究に必要な加配はつけることができると書いてあるので、その条項を使うことにしたのです。その代わり、少人数指導の加配のほうは減らし、それを調査研究の加配に持ってくることで、実質的には少人数学級に加配がつくようにしたわけです。

3——定員を上回って教員を割り当てること。

**寺脇**　なるほど、そういう手があるわけだ。私が主に手がけた生涯学習や社会教育の分野ではそんなにがんじがらめの規定はないけど、初等中等教育はきわめて厳密な仕組みになっているからね。逆に言うと知恵の出し甲斐がある。

**前川**　こんなふうに、法律にもとづく行政という建前を維持しながら、自治体からの要望に応えて、少人数学級の導入はＯＫですよとか、国庫負担金は総額で見ますから、教員の給料を抑えた分、教員を増やしても大丈夫ですよとか、調査研究目的という説明があれば少人数学級のために国庫負担金を使ってもいいですよといった、自治体の自由度をできる限り高める方向に持っていったわけです。

こうした改革がなかったら、おそらく義務教育費国庫負担金制度も危なかったと思います。三位一体改革という流れの中で、無理難題を迫られたことで、逆に自治体が喜ぶかたちに制度を変えるきっかけができたんですね。

今では少人数学級は、ごく当たり前のことになっています。

国のほうでも、こうした動きに少しでも追いつこうと、標準法を改正し、二〇一一年度から、公立小学校の一年生の、一クラスあたりの上限人数を三五人に引き下げました。三一年ぶりの変更です。小学二年生については、加配をつけることで対応し、法律上はまだ三五人になっていませんが、実態としては、県ごと、あるいは市町村ごとに、少人数学級の基準を独自に作るようになっていて、それが定着しています。

**寺脇**　前川さんたちが、義務教育費国庫負担金制度を守ろうとしたとき、その動きを守旧派じゃないかと批判する人たちがいたわけですが、そうじゃない。それは、これ以上、子どもたちの学習環境を劣悪にさせないための闘いだった。既得権益なんかと無関係です。

しかも一方で、都道府県や市町村が独自に学級編制をしてもいいという、規制緩和までしたわけです。さきほども言いましたが、規制緩和ならすべて善という考え方は、根本的に間違っている。いい規制緩和と、悪い規制緩和があるわけです。これは断然、いい規制緩和だよね。

## †高校無償化と学習権の保障

**前川**　高校の授業料無償化は、民主党政権（二〇〇九－一二年）の目玉政策でした。これが実現できたのは、民主党政権の一つの成果だと思います。

もし自公政権がずっと続いていたなら、無償化は実現できなかったはずです。あのとき民主党が荒療治をしたことで、何とかその財源を生み出すことができた。今でもそう変わらないと思いますが、毎年、四〇〇〇億円ほどかかっています。文化庁全体の予算が一〇〇〇億円ちょっと、スポーツ庁にいたっては五〇〇億くらいです。四〇〇〇億円規模の政策というのは、そうそうあるものではない。

ですから、四〇〇〇億円という財源をどこから持ってくるかという、大問題があったわけです。普通だったら、財務省が首を縦にふることはありません。文部科学省の中からも、ある程度かき集めましたが、それでは全然足りない。文部科学省が財務省に対して、直接交渉をしたとしても、これだけの財源を勝ち取るのは絶対に無理です。一五歳から一八歳までの子の扶養控除を縮減し、それによって得られた所得税の増収分を財源の一部に充てるということもしました。「控除から給付へ」という民主党政権の政策の一環です。

それこそ強力な政治主導がなければ、こうした政策は実現できません。本当にこれは民主党政権の目玉政策であり、誇るべき成果の一つだと思うんですね。

**寺脇**　そのとき前川さんは、どういう立場だったの？

**前川**　このとき私は初等中等教育局の審議官で、実質的には私が高校無償化の制度を作る中心となっていました。

その後、安倍政権が誕生して、下村さんが文部科学大臣になったとき、高校無償化制度の大幅な見直しをしたんですが、このとき私は初中局の局長をしていましたから、この制度をつくったときも、見直しをしたときも、中心的にやったんですね。

**寺脇**　高校授業料無償化がどれほど画期的なことだったか、教育界にいる人なら誰もがそう思う。戦後、新制高校ができてから、その授業料を無償にするのは到底無理なことだとされてきた。生涯学習で「いつでも、どこでも、誰でも学べる社会」を唱え続けてきた私でさえ、そんなことができるとは夢想だにしていませんでした。

**前川**　高校無償化というのは、一五歳から一八歳までの、すべての若者に学習機会を保障しますよという、学習権保障の思想なんですね。

「無償で学ぶ権利があります」と言うからには、入学を希望するすべての若者が学校に行けるようにならないと、おかしい。つまり、論理必然的に、希望者全入が実現しなければならないわけです。

その先には、義務教育化という課題が控えています。もちろん、子どもが学校に行きたくなければ不登校でも全然かまわないわけですが、それでも、何らかの場所で学べるよう、多様な学習の場を大人が用意し、そうした場で子どもが学ぶ。親はそれを妨げたりせず、サポートしていく。それができるようにすることが大事です。

ですから私は、無償化の先には希望者全入、さらには義務教育化というステップがあるはずだと思っているんですね。

**寺脇**　少子化で高校の空き定員が多くなってきているから、入学試験に合格させるという意味では入学先さえ選ばなければ希望者全員を入れることは可能になっているんだけど、授業料がネックで高校入学をあきらめねばならない子どもがいるものね。

**前川**　日本の義務教育は九年間ですが、国際的に見ると短いんですね。

たとえば、メキシコやウルグアイなどが一四年、ドイツは一三年、アメリカ、イギリスは一二年、フランスは一一年といった具合です。日本でも、ほとんどの子どもが高校に進学していますから、実態としては準義務教育になっています。

それで言うと、日本の場合、高校無償化は実現できましたが、次のステップへ進む際の課題の一つとして、中学校の特別支援学級[4]を卒業した子の進学先が十分用意されていないという問題があるんですね。

どういうことかというと、特別支援学級に通っていた中学生のうち、障害の重い子は、特別支援学校の高等部に進学するんですね。ところが、障害の重くない子、とくに知的障害の軽い子どもたちの進学先となると、きちんとした受け皿ができていません。

障害の軽い子でも、特別支援学校高等部に入れますが、障害の重い子から入学させることになっているので、空きがなければ入れない。こうして、障害の軽い子の多くが、定時制高校に行くことになってしまう。

この状況をなんとかしたいんですね。

障害のある子どもの場合、通常の小・中学校に入って通級指導[5]を受けることもありますし、特別支援学級に入ることもあります。そういう子どもの場合、高校には同様の制度が用意されていなくて、困ったことが起きているわけですね。

じつは法律上は、高校でも特別支援学級を設けられることになっています。ところが、特別支援学級に応じたカリキュラムを組んでいいという省令がありません。一般の高校生と同じ教育課程では意味がないわけですから、ここを何とかしなければいけない。

他方で、特別支援学校の分校や分教室を高校に併設することで、こうした子たちの受け皿を拡充する取り組みも増えてきています。その意味では、以前より改善されてきていますが、まだまだです。

だれもが一八歳になるまで、学ぶ場が必ず確保されているという状態を作らなきゃいけないわけです。でなければ、授業料の心配をせず、誰でも高校に行けますという制度を作った意味がない。その子にふさわしい学びの場が、必ずどこかになきゃいけない。それが、

4——障害があるため、通常の学級では十分な教育効果を上げることが困難な児童・生徒のために編成された少人数学級のこと。
5——比較的障害の軽い児童・生徒に対し、障害に応じた指導を行うもので、おもに各教科の授業は通常の学級で受けながら、必要な時間を通級指導教室に通う。

一つの大きな課題だと思うんですね。

## †適格者主義からの転換

**前川**　ようやく高校無償化は実現しましたが、そもそも戦後の学制改革では、教育を受けたいと思うすべての人に門戸を広げるという基本理念があって、そのための方策として「高校三原則」[6]が掲げられていたわけですね。

義務教育まで行ってはいませんでしたが、もともと、希望者全入という考えがあったんです。ところが昭和三〇年代後半あたりから、文部省の考え方が、適格者主義に変わっていきました。

適格者主義というのは、一定の学力のある者しか高校には入れないとする考え方で、当時の状況にかんがみれば、仕方のない部分もあったかもしれません。というのも、当時は高校の数が限られていたため、入学定員を超える応募者数になってくると、選抜試験によって、ふるい落とさざるを得なくなったんですね。ところがその後、高校進学率は高まる一方で、いまや九八パーセントまで来ています。

**寺脇**　それで言うと、私が広島県の教育長のとき、九五年度県立高校入試から適格者主義をやめることにしたんですね。

高校の数はすでに足りていて、全員が入れるだけのキャパシティーがあった。ところが、当時の高校入試は一発試験だったから、どうしても、そこで弾かれる子が出てきてしまう。だったら、希望者全員が高校に入れるよう、入学試験を三回に分けて実施すればいいということで、この方式を導入したわけですよ。

一回目は推薦入試（選抜Ⅰ）で、二回目が一般入試（選抜Ⅱ）、それでも入れなかった人には第二次選抜（選抜Ⅲ）を用意した。三次選抜というのは、その時点で空きがある高校に調査書と作文を提出する形で出願させるというもので、しかも出願の際に第五希望まで書いてもらっておく。第一希望から順に入れるようにして、最終的には全員が高校に入れるようにしたんですね。

少子化で高校に空きができる時代にマッチしたやり方だったから、他の自治体でもこの考え方が取り入れられて、適格者主義を廃止する都道府県が増えていった。ただ、残念ながら広島県では、教育長が他の人に代わって、私と異なる考えの方だったようで、四年後にはもとのやり方に戻されてしまった。

これは私も担当の政策課長としてかかわっていたんだけど、九九年の中教審答申で、高

6——小学区制、総合制、男女共学のこと。

校は「事実上すべての国民が学べる教育機関」であって、学ぶ意欲があれば入学を認めるべきだという方針を打ち出した。これで事実上、適格者主義を否定したことになりました。
結局のところそれは、日高第四郎さん（一八九六－一九七七）以来の考え方をやっと実現できたということなんですよ。

**前川**　日高さんは、戦争が終わって間もない頃に、義務教育を六年から九年に延長し、新制中学をスタートさせた方ですね。当時の状況を考えると、このときの学制改革は英断であると同時に、かなり無謀なものでもありました。
というのも、その頃はまだ国も地方もお金がなくて、教員もいなければ校舎も整っていないという状況でした。
当時、学校教育局長だった日高さんが国会答弁をしたとき、六・三制の実施にあたって、設備、学用品、教科書等はどうするのかとの質問があり、日高さんは答弁の途中で涙を流し、しばらくの間、何も言えず、ついには号泣した。[7]
おそらく日高さんは、文部省が徒手空拳で学制改革に取り組んでいることもよく分かっていて、悔しいという気持ちと、情けないという気持ちと、それでも何とかしなくてはという使命感とで、言葉に詰まってしまったんだと思うんですね。いま考えると、よくあんな時に、あれだけのことを成し遂げたと思うんですね。

**寺脇**　日高さんも、森有礼以来の文部官僚魂を持っていたんですね。敗戦後の教育改革を担当した方々は、「その職に死するの精神覚悟」があって、あの大改革をやり遂げたのでしょう。

**前川**　高校の無償化というのは、具体的には授業料をただにするということですが、じつは公立学校と私立学校では、その意味が少し違うんですね。

私学の場合、それなりの自主性が認められていますから、いくら授業料を高くしてもかまわない。そうした、ウン万円も取っている私学の授業料すらタダにしたら、本当に公共性にかなう政策なのか、疑問ですよね。

7――一九四七（昭和二二）年三月二〇日、衆議院本会議における椎熊三郎教育基本法案委員会委員長の報告。「……日高局長は、敗戦後の日本の現状――戦争を放棄したる日本は、文化国家建設のために、教育の徹底的な刷新改革がなされなければならない。しかも次代の日本を担当すべき青少年に対する期待は絶大である。しかるにこの子供らに対して教科書も与えることのできないという今日の状況は、まことに遺憾千万であるとの意味を漏らされたのでありますが、中途におきまして、局長は言葉が詰まりまして、涙滂沱として下り、遂に発言する能わず、最後には声をあげて泣きました。／この状況は、委員長初め各委員にも影響せられまして、（拍手）委員会は、そのために約五分間一言も発する者なく、寂として声なき状況でありました。」

ですから、高校無償化といっても、私学の場合、授業料をすべてタダにすることはできません。それで、一定額までは公費でまかなう、ということになった。その額をどうするかですが、公立高校の授業料と同額のお金を、私立高校の授業料から差し引くことにし、その分を就学支援金として助成が受けられるようにしたんですね。

他方で、低所得世帯の生徒には、支援できる額を、最大二倍（現在は、二・五倍）まで割増しできるようにし、地方の私立高校であれば、一年間の授業料の約九割、場合によってはその全てをカバーできるようになりました。全国平均で年間の授業料が約三五万円。都市部の場合平均より高い場合が多いので全額カバーすることはできませんが、かなりの程度までカバーできます。

地方の場合、低所得世帯の子どもが私立学校に通うケースが多く、そういう子どもたちにとって、いい政策だったと思うんですね。というのは、世帯収入と子どもの学力には関係があって、経済的に恵まれた家庭の子どもは、一般的に、インフォーマルな学習機会にも恵まれていて、学力も高いんですね。家の中にいろんな本があったり、塾に行かせてもらったり、習い事をさせてもらったりしているわけです。

そして地方の場合、勉強のできる子ほど、公立の、いわゆる進学校へ行く傾向にあります。県立高校に合格できなかった子が、私立高校へ行く。言うまでもなく、私学のほうが学費が高い。つまり、低所得世帯の子どもほど、学費が高い高校へ行くという構造があるわけです。

こうした中で、低所得世帯の子どもに、割り増しの就学支援金を出すというこの仕組みは、かなりいい政策だったと思うんですよ。

### †高校無償化の問題点

**前川**　ただ、民主党政権のもとで始まったこの制度には、少し問題がありました。

もともと公立高校の場合、所得がとくに少ない世帯の子どもたち、たとえば母子家庭で年収が二〇〇万といった、生活保護水準にある世帯の子どもたちの授業料は全額免除されるという制度（授業料免除制度）があったんですね。

この制度を利用していた子どもの場合、高校無償化が導入されても、一円も恩恵がないという制度的欠陥があった。

小中学校の場合、もともと授業料はありませんが、学用品とか給食費、修学旅行費、課外活動費、お習字セットといった教材費など、低所得世帯の子どもが学校に通う上で必要な費用を援助する仕組み（就学援助制度）があるわけですね。

ところが高校無償化の場合、経済的に最も苦しい世帯の子どもに対して、従来以上のことは何もできない。高校の教科書は有償ですから、教科書を買うためのお金も必要です。そうした、授業料以外の経費を支援するための政策が欠落していたんです。

高校版就学援助が必要だという認識は、当時から持っていました。つまり、あとで返す必要のない奨学金（奨学給付金）[8]ですね。実際、民主党政権時代にも、毎年、財務省に要求していたんですが、通らなかった。

それが、政権が変わって、下村さんが文部科学大臣に就任してから、実現したんです。これは安倍政権が行った、いい政策だったと思う。奨学給付金が実現したことで、経済的な理由で高校をドロップアウトするケースはさらに減ったと思うんですね。

ただ、その財源の生み出し方については、異論があった。どういうことかというと、標準世帯（夫婦＋子ども二人で構成される世帯）で年収九一〇万未満の場合は就学支援金を出すが、それ以上の収入がある場合は出さない、というふうに線引きしたんですね。

民主党政権のときは、公立高校の授業料については、全面的に廃止。私立高校の生徒も家計収入に関係なく誰でも同額の恩恵が行き渡るよう、公立高校の授業料に相当する額を就学支援金でカバーし、低所得世帯の子どもには、さらに上乗せするという仕組みでした。

ところが、奨学給付金を実現する財源を捻出するために、年収九一〇万以上の世帯に限り、授業料を復活させることにしたわけです。

全高校生の中でこれに該当するのは、二割程度。それ以外の約八割の高校生には就学支援金が支給されます。公立高校で一クラス四〇人だとすると、三二人は授業料を払う必要がなく、八人が授業料を払うという計算です。

となると、「お前は授業料を払っているのか、じゃあ、金持ちなんだな」という話になって、たかられてしまうんじゃないかと心配する声もありました。それで、誰が授業料を払っていて、誰が払っていないかの情報が、高校生のあいだで共有されないようにする必要があったんですね。

そもそも、授業料を払う子と払わない子を、世帯所得によって区別するやり方には疑問がありました。子どもの学習を社会全体で支えるという理念から大きく後退したからです。それよりも所得制限は加えないで扶養控除の廃止・縮減など税制の見直しによって財源を生み出したほうがいいのではないかという議論もしたんですが、財務省を巻き込む必要も

8——「給付型奨学金」という名称にすると、「奨学金」の一種となるため、各県の奨学金条例の改正が必要となる。従来の奨学金は貸与型で、あらたに給付型が加わることになるからだ。ところが「奨学給付金」制度は平成二六年度から導入することになったため、奨学金条例の改正をしないで済むよう、その名称を「奨学給付金」とした経緯がある（前川）。

あって、残念ながら実現できなかった。

## †学習権の保障に反する「所得制限」

**寺脇**　所得制限をかけることにする法案の審議が行われたとき、私は民主党推薦の民間人参考人として、そもそも所得制限をかけるべきじゃないと主張したんですよ。

小学校でも中学校でも、世帯所得の多寡に関係なく、すべて授業料は無償になっているのに、どうして高校では所得制限がかかるのか、納得できる根拠がないからです。生まれてから死ぬまで、誰もが生涯学習の権利を保障されるべきであって、しかも、いったんは全員を対象にしたものを全員ではなくするなんて、とうてい賛成できない。

それに、所得が高いからといって必ずしも子どもに高校進学を保証する親ばかりではない。事実、中小企業の経営者で、自分が中卒で成功したから子どもにも同じ道を歩ませるという人を知っています。

そもそもこれは過去にも議論がありました。私が文部省に入って最初に配属されたのが教科書管理課で、教科書の無償給与制度を担当してたんですね。

その頃、大蔵省からは、教科書の無償給与に所得制限をかけろと言われていました。いやそれはできないと押し返すと、（経済的に恵まれている）松下幸之助の孫にも、タダで教科書を提供するのかと、反論された。

　そうじゃないんです。学習権の保障というのは、貧しい家の子であろうと、そうでなかろうと、すべての学習者に学ぶ権利を保障するということ。だから、教科書の無償給与に所得制限をかけるなんて、できないわけ。高校無償化もそれと同じです。

　だから、所得制限をかけずに、すべての人に給付すればいいだけのこと。実際、小学校でも中学校でも、ずっとそうやってきたわけですよ。

**前川**　理念としては、まったくその通りなんです。ただ現実には、どこかから財源を持ってこなければ、実現は難しかった。

**寺脇**　それについては、民間参考人として国会で話をしたときにも言ったと思うけど、所得の高い人から、必要なだけ税金をとればいい。それだけの話でしょう。高校で学ぶ権利を、あらゆる人に保障するという理念が第一であって、お金の問題じゃないんですよ。教育の問題では、まず理念の議論をしなければ、話にならない。

**前川**　そうなんですよ。

　それで言うと、民主党政権で文部科学省の副大臣をしていた鈴木寛さんも、高校無償化をめぐる議論の際に、これは子どもの学習権を保障するための制度だから、（世帯収入などによる）区別を設けるべきでなく、全員無償にしないといけないんだと、ことあるごとに強調していました。

私もそう思うんですね。今の世の中、一八歳までに何らかの学習をしないと、そこから先の人生を送っていくのも難しい。だから、一八歳までは、高校にかぎらず、多様な学びの場で学習する機会を保障する。そのためにはまず、無償にする。私も、所得制限は、いい方法だとは思わないんです。

先ほども言いましたが、所得制限によって授業料を払うことになるのは、全体の約二割。残り約八割が無償化の対象です。そうすると、八割の生徒の家計所得をチェックしなくてはならないんですね。一〇〇〇人生徒がいたら、八〇〇人の生徒の親から、納税証明書を出してもらって、それを確認しないといけない。そのための事務費として、年間五〇億円もかかっています。

## †「生涯学習」知らずの政治家と役人

**寺脇** たしかに、そういう問題もあるよね。
私が民主党推薦の参考人として国会に出たとき、こんなことになった責任は民主党にもあると発言しました。実際、鈴木寛さん以外の民主党議員は、高校無償化の理念がどういうものか、よく分かっていなかった。

大半が、高校生を子にもつ親のためだと勘違いしていて、おおかた、親の負担を軽減してやったんだから、選挙のときはどうかよろしくという、バラマキ感覚だったんですよ。本当なら、この制度を始めるときに、高校無償化がどういうものか、全国の高校生に向けて、メッセージを発信するべきだった。「今日から、君たちには、学ぶ権利が保障されることになりました」と。ところが政権側が、この制度の理念をよく分かっていないから、こんなことになってしまった。

民主党にそれをやらせなかった文科省にも責任がありますよ。私がもしそのとき文科省の役人だったら、鈴木寛副大臣に、絶対に進言すると思う。本気でやろうとすれば、三日もあれば十分なんですよ。

「四月から、君たちの授業料は無償になります。学ぶ権利を保障するために、授業料は、国民の税金で負担することになりました」と、文部科学大臣の緊急アピールとして発信してもいいし、全国の教育委員会に対して、こういうメッセージを、すべての高校の校長が入学式か始業式のときに発するよう、通達を出してもいい。

これができなかったのが、生涯学習原理主義者としては悔しい。しかも、次の年も、その次の年も、何もしていない。結局それは文科省の責任ですよ。

じつは高校無償化が始まった年に、大阪の私立高校の男子から、「寺脇さん、私立の授業料も安くなったんですよ。これって、国民のみなさんが、僕に勉強させてくれてるってことですよね」と話しかけられたことがあった。「誰かにそう教えてもらったの」と聞くと、「いや、自分で考えてそう思いました」と。そんなふうに分かってもらえて、単純にうれしかった。

ところが残念なことに、民主党も文科省も、全国の高校生に向かって、それを伝えようとしなかった。生涯学習という思想を、すべての高校生に知ってもらう貴重なチャンスでもあった。生涯学習知らずの政治家と、生涯学習知らずの役人が、何の手も打たずに、結局、所得制限がかけられることになってしまって、正直、私、怒ってます。

**前川**　それは申し訳ないです……。

実際、高校無償化というのは、親のための政策ではなく、高校生のためのものですから、本来親の収入は関係ないはずです。教育費を社会全体で負担するということは、学習者の学習権を保障することなんです。

**寺脇**　大学など高等教育の無償化について議論をするときにも、生涯学習の理念はないがしろにされて、貧しい若者に金をめぐんでやる的な話になりがちなんですよ。それじゃあ話にならない。

どうしても全員分の財源が確保できないなら、すべての高校生の授業料について八割は無償にするとか、やりようはあるはず。世帯収入が少なくて、それだけでは足りない生徒には、給付金を出す。

全員に平等な授業をしなければならない、との理屈で「ゆとり教育」に反対する左翼と同じ考え方じゃないかと批判されるかもしれないけど、それは違う。左翼が「ゆとり教育」に反対したのは、学習の「結果の平等」が損なわれると考えたからで、ここで私が言っているのは、「機会の平等」を保障しようということ。つまり、学習権というのは、どんな人であっても、等しく保障されなきゃいけないわけです。

この論理が確立していないと、高等教育でも同じことの繰り返しになりかねない。

## †高等教育の無償化をめぐる課題

**前川**　大学など高等教育の無償化の場合、さらに難しい問題があります。

高校の場合、進学率はほぼ一〇〇パーセント近くまできていますが、高等教育の場合、専門学校を含めても約八割です。

残り二割のうち、社会に出て働いて、納税している人も少なくありません。高等教育を無償化して、学習の機会を保障するという話になったとき、進学しないで社会に出て働いている人の稼ぎで無償化してやるのか、残り二割の人は、それによって何の恩恵も受けられないのは不平等じゃないのか、という批判があるわけです。

**寺脇**　でも、それは高校無償化の場合だって同じですよ。世の中にはまだ、中学を卒業して仕事を始める人だって少なからずいるわけでしょう。ましてや中高年なら、たくさんいる。そういう人も税金を払って、高校生一人ひとりの学習権を支えている。しかも、後になって中卒の大人も高校に行くことがあるかもしれない。そのとき、無償化の制度があることで、その人の学習権も保障されることになるんですよ。

この論理は大学についても同じです。

**前川**　高校に進学しなかった人、あるいは中退した人が、たとえば三〇歳になって高校へ行こうとしたときに、その人の学ぶ機会を無償で保障することはできるわけですね。

高校進学率は九八パーセントを超えていますが、そのうち五パーセントくらいは卒業できずに中退しています。高校卒業率という統計指標はないのですが、そういう指標があれば、おそらく九三パーセントくらいでしょう。

そういう人たちが高校で学び直したいという時、当初は、就学支援金の支給を受けられるのは通算して三年間まで（定時制高校であれば四年間）と、期限がきっちり定められていたんですね。その期限を制度上延長して事実上卒業まで支給を受けられるようになりました。

また、准看護学校といった、職業資格を取るための学校なら、従来対象外だった各種学校でも無償化の対象とする、というふうに変えたんですね。

このように毎年改善を加えてきたわけですが、それでも所得制限は残ったままなんです。先ほども言いましたが、ほんとうは所得制限を廃止して、代わりに、税制のほうで財源を確保すべきなんですね。

富裕層からもう少し税金をもらって、それを財源にすれば、すべての高校生の授業料を無償化することができます。言い換えればそれは、税金という国民全体の財産の中から、子どもたちの教育費は出しますよ、ということなんですね。

結局、少し多めに税金を払った人も、高校生の子どもがいるときに、授業料の無償化というかたちで、そのお金が還元される仕組みなんです。私自身は、最終的にはこういうかたちにするべきだと、ずっと思っているんですね。

**寺脇**　小中学校と違って、高校の場合、ある時期まで適格者主義だったのが、九九年の中教審答申で、高校は「事実上すべての国民が学べる教育機関」であって、学ぶ意欲があるなら入学を認めるべきだと宣言したわけですよ。それによって、意欲があれば誰でも行けるようになった。

じゃあ大学はどうかというと、基礎学力の足りない人は入学させるなという方針を、今の文科省は打ち出そうとしているわけですね。たしかに九九年の中教審答申も大学については意欲だけでいいとは認めていませんでした。しかし、いま行われている議論は、学力の足りない者を「足切り」的に排除しようというふうにしか聞こえません。ほんとうは学ぶ意欲がないくせに、全入で入れるなら、と見せかけの「意欲」を主張して入学しようとする者以外は排除すべきでないと思います。

学力による「足切り」は、秀才なら大学へ行っていいが、そうでなければ大学には行くなという話ですよ、これは。意欲でなく学力に線引きをして入学者を決めるという、この部分に決着をつけないかぎり、話を先に進めちゃいけないと思うんです。

福祉、介護や芸術など、高校までの基礎学力とは違う部分の力を必要とする分野もあります。英語や数学の力が足りないからといって、これらの分野を学ぼうという強い意欲を持つ者を排除していいのでしょうか。

**前川**　四年制大学の門戸を、希望するすべての人に開くというのは、今のところ、やや性急な話かもしれません。

高等教育に関して、いま課題になっていることの一つが、専門学校をどう考えるかということなんですね。

高校を卒業して、何らかの上級学校に進学するのは全体の約八割。このうち五割強が四年制大学で、短大とか高専とかが数パーセント。残り二割強が専門学校に行っている計算です。

この専門学校を、専門職大学という新しいタイプの大学に位置づけ直そうとする構想が持ち上がっています。今年（二〇一七年）の通常国会にその法案を提出し成立しました。二〇一九年度から実際に設置が認められることになっています。

これによって、どれくらいの専門学校が専門職大学に移行することになるのか、まだ未知数の部分はありますが、今のところ文部科学省としては、ハードルを高めに設定しているので、専門職大学に移行できる専門学校の数は当面は限定的なものにとどまりそうです。

いずれにしても、上級学校に進学する人は、いまや高卒者の八割以上を占めていて、このうち二割強を占める専門学校の場合、だいたい修学期間は二年間ですから、何らかの教育を二十歳まで受ける人は、すでに八割はいることになります。これは昭和四五（一九七〇）年頃の高校進学率とほぼ同水準なんですね。

こうした中で私は、高校を卒業してから二年ぐらいは、意欲さえあれば誰でも学べるような多様な場を、国民全体で保障してやる仕組みがあってしかるべきだと思うんですね。知的障害のある人でも、その人にふさわしい高等教育あるいは継続教育が受けられるような、そういう仕組みがあってしかるべきだと、私自身は考えています。

## †一八歳から二〇歳までの学習権

**寺脇** 今、前川さんが言った一八歳から二〇歳までの学習権を、どう保障するかということで言えば、児童養護施設の子どもたちの場合、一八歳になったら、原則としてそこを出ていかなければいけないわけでしょう。

児童養護施設というのは、いろんな事情で保護者がいなかったり、親に虐待されたりして、適切な養育を受けられなかったりする子どもを保護・養育する公的な施設なんだけど、昔は入所者の大半が、親のいない子どもたちだった。ところが最近では、親からネグレクトされたり、虐待を受けたりして、実の親から離れて暮らさざるを得なくなったケースが圧倒的に多い。

そういう子たちが一八歳になって、この施設を出ていくときに、大学とか専門学校に通うお金をどうするかという問題だけでなく、生活費をどうするかという、自立の問題があるわけですよ。

二〇一〇年頃に私は、この問題に関心を持つようになって、関連NPOとも一緒に活動するようになった。その頃、マスコミを通じて、「とにかく、この子たちを何とかしてやってほしい」と提言したこともあった。

だって、一八歳になって施設を出ていく子って、年に二〇〇〇人もいないんですよ。だったら、自立するのに必要な費用は、全額出してあげていいんじゃないかと。

それに対して、親が果たすべき扶養義務はどうなるんだとか、いろいろ文句を言う人もいたけれど、子どもたち自身には何の責任もないわけです。自ら好き好んでそういう境遇になったわけじゃない、だから、この子たちだけでも何とかしてくれないかと提言したのが、たしか二〇一〇年頃だった。


**前川**　その六年後（二〇一六年）に厚生労働省が、児童養護施設の退所者を対象とする奨学金制度を作ったんです。文部科学省のほうは、今年度（二〇一七年）から、住民税非課税世帯で私立大学や専門学校に自宅外から通う人と、児童養護施設を退所した人を対象に、給付型奨学金を先行実施し、来年度から本格実施することになっています。

厚労省の制度は都道府県が実施するもので、児童養護施設の退所者で大学や専門学校に進学した人はすべて対象になります。家賃支援に加えて在学中の生活費に対して月額五万円の支援があります。これらの支援は給付ではなく貸付なのですが、卒業後五年間、就業を継続すれば、返還が免除されます。

一方、文科省が創設した給付型奨学金は、日本学生支援機構が実施するもので、住民税非課税世帯の人や児童養護施設の退所者などが対象ですが、原則としては出身高校の推薦が必要です。国公立で自宅通学なら月額二万円、私立で自宅外から通学なら四万円が給付されます。

一八歳以降の教育費負担の支援に関して、その意味では厚労省のほうが一足早く手を打ったんですね。

ただ、文科省のほうでも、事前にいろんな下調べはしていました。それで言うと、児童養護施設に入った子どもの場合、一八歳になるまでは、しっかりケアを受けていることが分かった。たとえば、高校進学率は、児童養護施設の子どもの場合はほぼ一〇〇パーセントで、生活保護世帯の子どもよりかなり高いんです。ところが、大学・専門学校への進学率になると生活保護世帯よりも低い。退所後に、公的支援が切れてしまうという問題があったわけですが、厚生労働省と文部科学省がそれぞれ対策を打ち出したことで、少しずつでも状況が改善される道筋をつけることはできたと思っています。

いま、進学を希望する子どもたちに、高等教育を受ける機会を、経済的にもちゃんと保障することは、ものすごく大事なことだと思うんですね。

ただ現状では、大学など上級学校への進学率は、普通の世帯の子ども、生活保護世帯の子ども、児童養護施設の子どもの順に低くなっていく。普通の世帯の子どもの場合、四年制大学でも五〇パーセント超で、専門学校を入れると八割以上が進学しています。生活保護世帯の子どもの場合、三割程度、児童養護施設の子どもの場合、それよりさらに少なくなって、二割程度です。

## †「一人ひとりが生きたいように生きられる」社会

**前川** 境遇の違いによって十分な教育の機会が与えられず不当な扱いを受けている子どもたちが相当数存在することは間違いありません。意欲と能力のある子どもが、経済的な心配をせずに大学や専門学校に進学できるようにすることは、社会全体の責務だろうと思います。

経済成長を促す上でもそれは必要なことだと思うんです。でも私は、そのことよりも、一人ひとりが生きたいように生きられるようになるためにも、高等教育で学びたいという意欲と能力のある子どもには、その機会が与えられるべきだと思っています。「能力」といっても、それは一人ひとり異なっています。ですから、それぞれの能力に応じた教育の場、学習の場が許されるべきだと思うんですね。

先ほども言いましたが、知的障害のある子どもにも、高等教育機関が用意されてしかるべきだと思うんです。手始めに、特別支援学校の高等部に、知的障害のある子どものための専攻科を設けるという方法もあります。

平均寿命もだんだん延びてきて、少し前まで「人生八〇年時代」と言っていたのが、いまや「人生九〇年時代」に近づこうとしています。そう考えると、以前よりも学校にいる期間が長くなっても、何もおかしくありません。

少なくとも、二十歳ぐらいまでは、意欲があれば学べるようにしておくことが大切だと思うんです。そのためにも、経済的な理由で高等教育への進学を断念することがないよう、制度を整えておかなくてはならない。もちろん、高等教育に行くよりも、パティシエの修業がしたいという人は、そちらの道へ進めばいいと思うんですね。

**寺脇** その場合、パティシエの修業に必要な経費は保障する?

**前川** 料理学校で勉強するなら、その学費を公費で支援できるようにしたらいいですね。一方、一八歳でパティシエになるための修業をしようと洋菓子店の見習い職人になったとして、給料をもらって修業している場合の経済支援はいらないでしょうね。でも、その後、たとえば三〇歳ぐらいになって、食品について勉強し直したいので、専門学校に入り直すというときに、支援制度が利用できるようにすればいいと思うんですね。この制度に年齢制限を設けるべきではありません。

**寺脇** 切符を使わないバウチャー制度みたいだね。賛成です。

そうやって学ぶ機会を保障することは、きわめて大事なことですが、ここで想定しうる指摘をあえて口にしてみると、せっかく大学に入ったのに、学ぶ意欲がまったくないような学生をどう考えるか、という問題があると思う。実際、学力は高くても学ぶ意欲がないような学生はいるわけです。

**寺脇** そう、大学の場合も、そうなんだよね。

**前川** 小学生から大学生まで一括りにして言うことは難しいと思いますが、大学生の場合、たしかに本人の意欲は重視されるべきだろうと思います。ただ、意欲を持たせられるかどうかは、小中学校に限らず大学でも、教師の力量次第というところがありますよね。

## ✝これからの高等教育

**寺脇** さらに言うと、大学とちがって高校では、勉強させられる面がまだ強いわけですが、大学では思う存分、主体的に学べるわけですよ。

だから、中高校生から進路について相談されると、「君たち、大学には必ず行ったほうがいいよ、大学に行かなかったら、人生の損。だって、高校までと違って、思いっきり学

9——「保育サービス」のように用途が限定されて、個人が政府や自治体などから補助金を受け取る制度のこと。事前にクーポン(切符)が支給され、これを用いてサービスを受ける形が多い。

べるんだから」と言うようにしてます。「ただし、必ずしも一八歳で大学に行かなくてもいい。何歳でもいいから生きているあいだに、自分の本当に学びたいことが決まったら、そのとき行ってほしい」と、つけ加えることにしてるんですよ。

どうしてもこれが学びたいというのがあれば、志望理由書や面接、実習などを通じて意欲が本物かどうかだけをきちんと調べて、それまでの学力とは関係なく入学を認めるというやり方は、無理なのかな。どうなんだろう？

**前川**　とりあえず大学に来てもらって、何らかの学習活動に参加してもらうという、お試し入学はあり得ると思いますね。

**寺脇**　多摩大学学長だったグレゴリー・クラークさんが、教育改革国民会議で強く主張していたのが、一定数の受験生をひとまず入学させて、一年間の成果によって合否を決めるという「暫定入学制度」。これって、海外では導入されているんでしょう？

**前川**　ヨーロッパの大学はそうですよ。フランスならバカロレア、ドイツならアビトゥーアという大学入学資格があって、その資格があれば、定員に空きができ次第、どの大学でも入れることになっています。

何々を勉強したいからこの大学に行きたいという、学びたい内容に応じた大学選びがなされていますので、日本のように「ここは一番いい大学だから受験する」といった序列化は、あまり生じていません。そもそも、フランスもドイツも大学は国立ですから、日本のように、私立大学が個別に入学試験を行うということがない。

大学一年生の定員は多めに取ってあって、やる気があって、ちゃんと勉強する人だけが、二年生になれるようになっています。学ぶ意欲があれば、そのための機会はちゃんと保障されているんですね。

**寺脇**　なるほど。にもかかわらず日本の文科省は、中退率が高い大学はダメだと決めつけてるわけですよ。うちの大学（京都造形芸術大学）もよく言われているけど、なぜ中退者を出さないようにしないといけないのか、理解できない。

**前川**　それはおかしいですね。中退率を高めて学生の質を高めるという方向はあり得ると思いますよ。実際、ヨーロッパ型の大学はそういう方法をとっているわけです。もちろん、高校までは別ですが。

**寺脇**　文科省の大学評価では中退率ともう一つ、就職率が重視されているんですが、とうてい納得できない。うちの場合、芸術系の大学だから、卒業しても役者やマンガ家を目指したり、アルバイトをしながら映画づくりをしたり、自分の才能をもっと伸ばそうと頑張っている人間が多いんですよ。

才能があるから、そうやって頑張っているし、そういう人間を、四年間かけて大学が育てたわけですよ。それなのに、お宅の大学の卒業生は就職していないからダメですねと、低く評価されてしまうんではたまらない。

**前川**　大学を卒業したら、どこかに就職するのが当然といった固定観念があるんですね。

**寺脇**　そうなんだよ。それって、芸術系の大学にかぎらず、いろんな分野で同じようなことが言えると思うんですよ。

中退問題だって、まだ自分で意思決定する力が十分でない場合も多い高校までは、中退者はむやみに出さないほうがいいと思うけど、自らの意思で進学していることが前提である大学でも中退者を出すなというのは、どう考えたっておかしいでしょう。

話を少し戻すと、九九年の中教審答申のときに、適格者主義はもうやめるべきだと宣言し、高校全入への道が開けたわけですね。ただ、大学については、そこまで踏み込んではいなかった。でも、あれから二〇年近くがたって、少子高齢化が進み、先行き不透明な時代になっているわけですよ。

私は学生や卒業生の親と話をする機会が結構多いんです。そんなとき、「学費が高い（芸術系私立大学は他の文化系よりかなり高い）芸術大学によく行かせましたね」と尋ねることがあるんだけど、「いや、やらせてやりたいんですよ、これからの時代、どうなるか分からないので」といった類の返事が増えてきたのね。前川さんがさっき言ったように、

「一人ひとりが生きたいように生きられるような、そういう人生」を送らせてやりたいという機運は、親世代のあいだでも以前にもまして高まっていると思いますね。

**前川**　これから、ＡＩがますます進んで、いろんな仕事がＡＩに取って代わられると言われています。ですが、芸術分野は、人間にしかできな領域の一つだと思うんですね。

もし本当に、人工知能の研究・開発がいっそう進んでいって、人間の代わりに仕事をするようになるなら、そういう職業に就くためのトレーニングは必要がなくなります。人間にしかできない仕事とは何かを考えていくと、一つには感性を活かす仕事。これは確実に残るだろうと思います。

もう一つは、人間的な接触が必要となる仕事。演劇もそうですし、教師や介護職もそうですね。ＡＩやロボットが代替できる部分はあるにしても、やはり人間でなければできない部分は残るはずです。

こうした時代の流れの中で、一人ひとりが、自らの人生をまっとうできるようにするためにも、高等教育で学びたいという人の学ぶ権利を保障することは重要だと思うんですね。

**寺脇**　高等教育で学ぶ権利に関して言えば、第1章の最後（三六ページ）で触れた放送大学を活用してはどうだろうか。とりあえず、放送大学の授業料を無償にするのです。通学制で最も安い国立大学でも入学金と四年間の授業料を合わせると二四二万円余りかかるのに対し、放送大学なら卒業までに七〇万円余りで済みます。これなら財源の面でもハードルは低いし、無償によって学生数が増えたとしても、通学制と比べたら、設備も教職員も、それほど多くは必要ありません。通信制であっても放送大学はれっきとした正規の大学なのですから、高等教育で学ぶ権利の、いわばセーフティーネットの役割が果たせると思います。

**前川** 確かに、放送大学の無償化というのは、いい考えですね。本当の意味での高等教育無償化を大きく前進させることになるでしょうね。

## †朝鮮学校の無償化について

**前川** 高校無償化の話で、触れておかなければならないことがあります。朝鮮学校のことです。

知っている方も多いと思いますが、朝鮮高校を高校無償化の対象にしなかったのは違法だと、国を相手取って、いくつかの訴訟が起こされました。

今年（二〇一七年）七月に、広島地裁と大阪地裁で、九月には東京地裁で、相次いでその判決が出たんですね。当時の文科大臣が、無償化の指定から外したのは違法でないとしたのが、広島判決と東京判決。逆に大阪判決では、朝鮮学校側の訴えが認められ、国が敗訴しています。

もともとこの話は、民主党政権が、高校無償化を導入した時までさかのぼります。当時、民主党政権下の文科省では、大臣、副大臣以下、朝鮮学校も無償化の対象にする方針でした。

先ほども話題になったように、高校無償化というのは、子どもたちの学習権を保障するためのものですから、朝鮮学校も、学びの場の一つとして、無償化の対象にすべきだと考えていたわけです。ですから、高等学校や専修学校高等課程に加えて、朝鮮学校を含む国内の外国人学校でも、文部科学大臣が高等学校に類する課程をもつ学校であると認めれば、在籍する生徒に対して就学支援金が給付されることにしようと考えていたんですね。

この話が始まった時、私は初中局の審議官でした。残念ながら、二〇一〇年度の無償化制度の開始の時点に間に合わせることができませんでしたが、二〇一一年度からの実現に向けて、審査基準を定め、審査委員会を作るなど着々と準備を進め、実際に、京都、大阪、神戸の朝鮮学校へ行き、話を聞かせてもらうということもしました。朝鮮学校の生徒たちからは要望書も寄せられていたんですね。

無償化の対象とするか否かを判断する際は、一定のチェックがあっていいと思いますが、朝鮮学校で学ぶ子どもたちの教育費を公費負担することは、当然だと私も思っていました。

ところが二〇一〇年一一月に、北朝鮮が韓国の島を砲撃するという事件が勃発し、政府は、朝鮮学校を無償化の対象とするかどうかの審査をストップ。その後、審査を再開したものの結論に至らず、一二年の暮れに安倍自公政権が誕生すると、下村文科相（当時）が、一〇校の朝鮮学校について、無償化の対象としないという決定を下したわけです。

## †朝鮮学校と初めて付き合った文部官僚

**寺脇**　じつは朝鮮学校関係者と初めて付き合った文部省の役人というのは、私なんです。朝鮮学校の卒業生に大学入学資格を認めるかどうかという問題が以前からあって、とにかく一度、朝鮮学校を見にきてくださいと言われて、実際に朝鮮学校に出かけていったんですよ。一九九九年から二〇〇〇年にかけてのことで、当時私は官房政策課長をしていました。

生涯学習という観点からすると、国籍がどこであろうと、この国では学習権が保障されるべきなのに、当時の文部省は大学入学資格を認めていなかった。ところが実際には京都大学などが、自主的な判断によってすでに入学を認めていたのね。大学が独自の判断で決めたことに、文部省がストップをかけるというのはいかがなものか、なんて議論もあった。

それで、実際に朝鮮学校に行ってみると、前川さんもご存知のように日本の学校とほとんど何も変わらなかった。

「朝鮮新報」という朝鮮総連[10]系の新聞に、「こういう教育内容なら、日本の学校と変わらない」という私のコメント付の記事がデカデカと掲載されたんですよ。

見学させてくれた朝鮮学校の校長のほうは「日本の文部官僚なんかと会って話なんかして……」と批判されたようですが、私のほうは、何のおとがめもなかった。

こうした経緯もあって、文科省を二〇〇六年に退官して間もない頃、総連の改革派の人たちが私のところに来て、総連でも民団[11]でもなく、日本も韓国も北朝鮮も、どこかだけが悪いというのでない教育をするコリア国際学園というインターナショナルスクールをつくりたいので、相談に乗ってほしいと言うんですね。日本人も受け入れるという話なので、話を聞きました。彼らは彼らで総連や民団からすごい批判を浴びながら、ようやく二〇〇八年に開校にこぎ着けた。

それで、この学校の理事に就任することに決まったら、大変なことになった。複数の国

10――在日本朝鮮人総聯合会の略。在日朝鮮人の民族的な利益を代表し、その実現と民族性を守るために活動する団体。
11――在日本大韓民国民団の略。在日韓国人による団体。

家をまたいで活躍できる「越境人」の育成を目標とするこの学校の授業は英語と日本語、韓国語で行われるんだけど、これまで「ゆとり教育」を推進してたのに今度はエリート養成校の理事とは矛盾してないかとか、売国奴だとか、もうさんざん批判されて。

そんなとき、日本人の子が入学してきたときは、涙が出るほどうれしかった。どうしてこの学校を選んだのか聞いてみると、これからはアジアの時代だと親も言っていますと。結局、彼はソウル大に進学したはずです。

それで、高校無償化の話が出てきたときに、コリア国際学園も指定してほしいと手を挙げたんですよ。その前に、大阪府の私学審議会[12]から、なんとか各種学校として認めてもらったので、次は高校無償化というときに、北朝鮮による砲撃事件が起きて、朝鮮学校のほうの審議がストップしてしまったわけですよね。

コリア国際学園は北朝鮮政府と関係があるわけじゃないし、総連が運営しているわけでもないのに、もしこちらも認められないとしたらおかしいだろうと、文科副大臣の鈴木寛さんに言ったんですよ。もちろん私は、朝鮮学校も認めるべきだという考え方ですが、突破口を開かないといけないと思ったんですね。おかげで無償制度の対象にしてもらえました。

安倍政権になって、義家弘介《よしいえひろゆき》文科政務官にコリア国際学園まで来てもらったんです。実際に見てもらって、おかしなところがあれば、言ってくださいとお願いしたところ、初中局の人を従えて、学校まで来てくれた。竹島問題をテーマにした授業を見てもらって、これなら問題はないと、無償化は継続されたのです。

ただ、同じ外国人学校でも、中華学校のほうは認められたのに、朝鮮学校のほうは認められなかったというこの状態はおかしな話でしょう。国際関係が影響するというなら、朝鮮学校をストップさせたのと同じ民主党政権のときには、尖閣諸島の問題もあったじゃないですか。

## †無償化のラストチャンス

**前川**　中華学校にも中国系と台湾系の二つがあって、台湾系の場合、たしか日本台湾交流協会を通じて台湾の高校と同等の学校だという説明をしてもらったので、無償化に必要な条件を備えることができたんですね。

ところが朝鮮学校の場合、そうした方法もとれなかったので、個別審査で判断することになったんです。そのための審査基準も定めて、審査委員会を作り、申請を受け付けたと

12——私立学校の設置、廃止、学校法人の認可等に関し審議する、知事の諮問機関。

ころで、砲撃事件が起きて、審査がストップしちゃった。菅直人内閣のときです。ただ野田総理に代わる前に、審査を再開させると決めたんです。実際、審査は行われました。

野田佳彦第三次改造内閣で文科大臣になった田中真紀子さんは、朝鮮学校の無償化を認めるべきだという意見でしたが、党内の反対論もあったので押し通せなかったんですね。私としては、本当は田中大臣に、当初の考えを貫いてほしかったです。あの時がラストチャンスでした。二〇一二年の総選挙の結果、安倍政権が誕生、下村さんが文科大臣になったんですね。

知ってのとおり、安倍内閣、そして下村大臣は朝鮮学校に対して、完全に敵対的でしたから、結局、指定はしない、ということになってしまった。そのときの理由というのが、朝鮮総連、ひいては北朝鮮による「不当な支配」が疑われており、朝鮮学校はその嫌疑を晴らすことができていないから、というものでした。

**寺脇**　認可する側がその証明をすべきなのに。それじゃあ、それこそ「悪魔の証明」でしょう。

そんなことを平気でするのは、下村さんや義家さんが、在日の人と腹を割って付き合っていないからなんですよ。

私は二〇年前から付き合ってきたから知ってるんだけど、朝鮮学校に行ったことで、はじめて北朝鮮がいかに問題があるのかを知った人とかも、たくさんいるわけです。学校という場所は、洗脳機関じゃないからね。これはおかしいと気づけるんですよ。しかも、小学校のときからずっと朝鮮学校という人は、ほとんどいません。多くが、子どものころは日本の小学校に通っていたとか、大学は日本の大学に進学したとか、そういう人ばかり。決して純粋培養ではないんです。

それに今や、在日三世、四世という時代になっていて、若い世代ははっきりと、「自分は朝鮮民族であることに誇りを持っているけれど、日本に生まれ育って、日本が大好きなんです」と言ってるんですよ。

ちょっと想像すれば分かると思うんですが、日本に生まれて十数年もの間、日本語をしゃべってきたのに、日本は嫌いだなんて思っていたら、引き裂かれるような苦しみに突き落とされるに決まってるでしょう。

朝鮮学校が洗脳機関だと思っている人は、日本の学校でも洗脳をしたいと思っているんじゃないか、教育勅語を読ませたり、道徳を教科にしようとしたり。そう言いたくなってしまう。そういう人は、学校を子どもたちの主体的な学習の場として捉えていないわけですよ。

**前川**　学習の場であるべき学校が、政治に巻き込まれてしまった。

**寺脇**　まさに、そのとおり。朝鮮学校が無償化の対象になるよう前川さんが尽力したのも、けっして売国奴だからではなく、多様な学びの場を保障するためじゃないですか。

いまやコリア国際学園には、日本人（日本国籍で在日にルーツを持つ以外の者を指す）が、全体の三分の一ぐらいになっているようです。近隣の親御さんたちのあいだで、少しずつ、「あそこは、いいらしいね」と評判になって、入学者が増えていったんですね。

いまでは在日の子は三分の一ぐらいで、残り三分の一は、韓国からの留学生。こういう学校で学ばせたいと、留学に送り出すようになってきた。

ただ、私は現在では理事を辞め、評議員というかたちで協力しています。

## †日本人でも韓国人でも北朝鮮人でもなく

**前川**　さきほど寺脇さんが言われたように、もはや在日三世、四世の時代なんですよね。かれらは、家の中でも日本語を使っていて、日本のテレビを見て、日本の雑誌を読み、日本人と付き合いながら、暮らしている。

ですから、子どもたちは、朝鮮学校に入って初めて、第二言語として朝鮮語を学ぶ。私が朝鮮学校に行ったとき、いろんな貼り紙がしてあって、見ると、日本語のこういうくだけた表現は朝鮮語ではこう言うと、説明されていた。

学校内で日本語は禁止なんです。若者が話し言葉で使う日本語のくだけた表現を、第二言語である朝鮮語の表現に変換するのは、そう簡単なことではありません。だから、そういう貼り紙が、いろんなところに貼ってあるんですね。

在日として育った人たちは、在日というアイデンティティを持っているわけです。日本人でもなければ、朝鮮半島で生まれ育った韓国人や、北朝鮮人とも同じではない。おそらくかれらは、韓国に行っても、北朝鮮に行っても、どこか異邦人のような感覚を持つはずです。日系のブラジル人が、日本に来て異邦人だと感じるのと同じことです。ですから、かれらは、日本で暮らす在日というアイデンティティを持っているんです。

寺脇さんが評議員を務める学校にしても、朝鮮学校にしても、もともと在日の子どもたちのために作られた学校であって、朝鮮半島で生まれ育った韓国人とか北朝鮮人のための学校ではありません。

そもそも北朝鮮人って、日本にはいないんですよ。「朝鮮籍」というのは、北朝鮮国籍のことではありません。

そこを間違えている人が、ものすごく多い。「朝鮮籍」と言われているものは、じつは無国籍なんです。韓国籍は、たしかに韓国政府が与えていますが。

しかし「朝鮮籍」は、朝鮮半島にルーツを持ち、日本国籍も韓国籍も持っていない人たちを指す言葉なんですね。

ですから「朝鮮籍」というのは、北朝鮮国民のことではありません。これを多くの日本人が知らないことは問題です。

**寺脇**　そうなんだよ、だから、子どもを朝鮮学校に通わせるのは、北朝鮮に役立つような人間を育てるためでは全くないわけです。

そもそも、朝鮮民族の歴史とか言語とか、そういうものを学ばせておきたい気持ちって、全然普通のものでしょう。海外勤務になった人が、自分の子どもを現地の日本人学校に通わせるのと同じことなんですよ。

たしかに朝鮮学校では日本語をしゃべっちゃいけないけど、それは朝鮮語を学ぶ場だからであって、日本を否定しているわけではない。

私が朝鮮学校に行ったときに、小学二年生のクラスに入ったら、みんなで民族楽器を弾いていて、それを見学していたら、どうやらこのおじさんは日本人で、日本語しか分からないようだから、日本語で話しかけてあげようかとか、言っていたらしい（笑）。そんな感じなんですよ。実際に行ってみれば、分かる。

前川さんも実地調査をいろいろしてきたわけで、そういうことが大事なんですよ。この目で見てみないと分からないことが、たくさんある。

もう一つ、言っておきたいのは、このところ前川さんも、朝鮮学校を無償にしようとした張本人だとか、ネット上でいろいろ叩かれているんだけど、国家公務員としてやった仕事に対して「売国奴」というのは最大級の侮辱であって、昔のヨーロッパだったら（決闘を申し込むために）手袋を投げるぐらいのことなんですよ、本当は。

**前川**　「ネトウヨ」といわれる人たちは、きっと自己肯定感の低い人たちなんだろうと思います。「個の確立」ができていないのでしょうね。ある意味、教育の失敗だと思います。学び直す機会が必要なんじゃないでしょうか。いずれにせよ、そういう人たちと決闘する気にはなりませんね。ところで、私が見に行った朝鮮高校では、日本語教育も立派なものでしたよ。日本の古典も勉強していて、短歌を作ったりもしていた。

## †八重山地区の教科書問題

**寺脇**　この間、沖縄の人たちと話をしていたら、教科書問題では前川さんに本当にお世話になった、大岡裁きをしてくれたと感謝してました。前川さんはその時、初中局の局長だったんだよね。

**前川**　はい。あの件は、言ってみれば、私がやった面従腹背の、最たるものでした。

ことの発端は、沖縄県の八重山地区で起きた、教科書の採択をめぐる紛争というか、意見の食い違いでした。二〇一一年の夏のことで、私が局長になる二年前です。

中学校公民の教科書をめぐって、育鵬社のものがいいという石垣市・与那国町《よなぐにちょう》と、東京書籍のものがいいという竹富町《たけとみちょう》とに意見が割れて、双方譲らなかったんですね。

八重山というのは、沖縄本島から相当離れていて、地理的には台湾のほうが近い。なかでも尖閣諸島は石垣市に属しているわけです。育鵬社の教科書は、尖閣諸島についての記述が充実していて、だから石垣市からすれば、こちらがいいと。その理屈は、分からないでもない。

他方で東京書籍の教科書は、沖縄の米軍基地問題に関する記述がけっこう多い。ですから、沖縄県民の大多数の感情としては、東京書籍のほうがふさわしい。竹富町も、その感情を共有しているわけですね。

だったら、石垣市と与那国町は育鵬社の教科書にし、竹富町は東京書籍の教科書にすればいいと思われるかもしれませんが、制度上、それは無理だったんですね。じつは公立の小中学校の教科書の場合、町村単位では採択できない仕組みになっていたんです。

共同採択という制度があって、これは国が教科書を買い上げて、無償で給与するための条件になっているのですが、共同採択地区は、県の教育委員会が決めることになっているんですね。

八重山地区の場合、それが石垣市と与那国町、そして竹富町でした。同一地区では同じ教科書を使わなくてはならない決まりになっていた。

この共同採択地区というのは、基本的に「郡」が単位でなければいけないんですが、いまや「郡」なんて、手紙を書くときにも省いてしまいますよね。「〇〇県〇〇郡〇〇町」としないで、「〇〇県〇〇町」としても、問題ありませんから。でも、その「郡」という単位が、制度上、しっかり残っていたのが、この共同採択制度だったんです。

私は教科書共同採択制度は、早く廃止すべきだと今でも思っていますが、現に存在している制度だったので、これを前提に動くしかなかった。

**寺脇**　いつ頃から思ってた?

**前川**　ずいぶん前から、そう思ってました。ほんとうは学校採択制がいいと思うんですね。

各学校がカリキュラムを決めるわけですから、教科書だって、各学校で決めるのが当然です。ただ、旧文部省としては、学校ごとに決めさせると、当時はまだ組合に牛耳られている学校があったので、教員が決めますと言いながら、その実、組合の考えで教科書が採択されてしまうのでは、という心配があったと思うんです。それがあって、町村の場合、学校単位の選択も、教育委員会ごとの選択も認めず、共同採択になっていたんじゃないでしょうか。

**寺脇**　もちろんそれが底流にあると思うんだけど、もう一つあって。

いまと違って高度成長期には、団地住まいの家族が、一戸建ての家を隣町に建てて引っ越すといったことが、今よりはるかに多かった。そんなとき転校先で、これまでと違う教科書を使うことになると、子どもにとって負担になるから、そうならないよう、市町村郡という生活圏内に限って共同採択にしたところもあったと思うんですよ。

ところが二一世紀の今、同一生活圏で転居することはそう多くないし、平成の大合併[13]によって、多くの郡が消滅した。一つの町しかないのにそれが郡なんてところもある。ほとんど「郡」の意味がなくなっているんですよ。それに、組合に牛耳られている学校というのも、皆無といっていい。だから、もはや共同採択にする理由ってないんですよね。

**前川**　共同採択制度は、今となっては完全に時代遅れの制度ですよね。ですから本当は、共同採択制度を廃止する法律改正がしたかったんですが、竹富町が共同採択に従わないからけしからんと息巻いている政治状況のもとでは、とうてい実現できませんでした。

それで、教科書をめぐる八重山地区での問題ですが、教科書採択協議会[14]という場で、議長を務める石垣市の教育長の発議で、協議会で意見が割れた場合は多数決で決めることにすると規約を改正しちゃったんですね。それまでは、いくら意見が割れても、とことん話し合って決めてたわけです。

教科書採択協議会というのは、共同採択地区の各教育委員会の関係者が集まって、学年ごと教科ごとに、どの教科書を共同採択するか議論し答申する場なんですが、意見が割れていた中学公民の教科書については、多数決で決めることになり、いったんは育鵬社の教科書を採択するという答申を出した。二〇一一年八月二三日のことです。

この結果を、それぞれの教育委員会に持ち帰ったところ、竹富町の五人の教育委員全員が、いや、育鵬社の教科書は採用できない、やっぱり東京書籍のものがいいと、反対したんですね。そこで改めて協議会を開いた。しかし意見がまとまらなかった。

何とかこの状況を打開しなくてはということで、九月八日、沖縄県の教育委員会の課長も加わり、それぞれの市・町の教育委員が、全員集まって、議論することになった。

石垣市と竹富町はそれぞれ五人、与那国町は小さい町なので三人の教育委員がいましたから、計一三人で集まって、育鵬社にするか東京書籍にするか、議論をしたわけです。そ

13——合併特例法に伴って二〇〇五（平成一七）年前後に行われた市町村合併。

14——教科書採択協議会は、自ら規約改正をする権限を与えられていない。本協議会を構成する教育委員会が、それぞれ議決するという手続きが必要である（前川）。

れでも意見は割れたままで、最終的に多数決で決めることになったんですね。結果は八対五で、東京書籍に決まった。東京書籍を推したのが、竹富町の五人と石垣市の二人、そして与那国町の一人でした。

そこで県の教育委員会は、これで一件落着ですねと言って、事態は収束したかに見えたんですが、今度は石垣市のほうで、その結論には従えないと言い出した。

## †自民党からの圧力

**前川**　ややこしい話なんですが、自治体の教育委員会には、教育委員長と教育長がいたんです。教育委員長というのは、教育委員会を代表する立場で、教育長というのは、事務執行の責任者なんですよ。

じつはこの時、石垣市の教育委員長からは「全員協議会の結果に従います。これは有効です」という文書が提出され、教育長のほうからは「あの多数決は無効だ」という文書が提出されるという、おかしな事態になっていた。

これに対して、当時の文部科学省は、教育長名義の文書には公印が押してあるが、教育委員長名義の文書にはそれがない、したがって、教育長が提出した文書が正しい、と断定したんです。公印を管理しているのは教育長ですから、押してあるのも当然ですよね。

こうして、八重山地区の教育委員が全員集まって、せっかく多数決で決めたことが、文科省の判断で、覆されてしまったわけです。さらに、文科省は最初の協議会で決まったほうが有効だと判断し、それに従わなかった竹富町が悪者にされてしまった。

そのとき私は、大臣官房総括審議官をしていたんですが、単に意見が割れたということであって、竹富町が悪いと批判されるのは、おかしいと思ったんですね。

じつは当時、この問題をめぐって初中局は、野党だった自民党の部会で、ガンガン追及されたんです。竹富町が違法な採択をしようとしている、初中局は竹富町をきちんと指導しろと、激しく文科省に迫った中心人物は義家弘介さんでした。

当時、義家さんは、石垣市の教育長と毎日のように連絡を取り合っていて、何とかして竹富町に、育鵬社の教科書を採択させようと頑張っていたわけです。

結局、その時の初中局はどうしたかというと、当時はまだ民主党政権でしたが、義家さんに加担する態度をとった。最初の協議会の多数決が有効であり、竹富町が主張する東京書籍の採択は違法だとしたのです。しかし、採択権はそれぞれの教育委員会にあるので採択自体は有効だという、非常に中途半端なものでした。

このような判断をした上で、石垣市と与那国町が採択すると決めた育鵬社の教科書は、通常どおり文科省が買い上げて無償で給与しますよ、竹富町のほうは、東京書籍の教科書を採択するということでかまわないが、教科書無償制度を適用しませんよ、ということにしたんですね。

竹富町はそれでどうしたかというと、住民から寄付を募って、そのお金で教科書を買った。と言っても、そのとき公民教科書を使う中学生は二二人しかいなかったので、二二冊あればよかったんです（笑）。

## †八重山問題での面従腹背

**前川**　こうして事態はなんとか収まったかに思われましたが、二〇一二年の暮れに政権交代があり、安倍政権のもとで下村さんが文科大臣に、義家さんが文科大臣政務官になると、竹富町は違法な教科書を使っている、最初に決めたことに従って、育鵬社の教科書を使わなくてはいけないと、問題を蒸し返したんですね。

この違法状態を変えさせるには、地方自治法上の是正要求をするほかないと言い張った。地方自治法上の是正要求って、いわば伝家の宝刀のようなもので、これが発動されたことって、これまでほとんど例がないんですよ。二〇一三年一〇月に沖縄県に竹富町への是正要求を指示し、二〇一四年三月には直接、竹富町に是正要求をした。

僕はね、この是正要求には法的根拠がないと思っていました。だから、竹富町は、国地方係争処理委員会[15]に提訴すればいいと思い、竹富町にこっそり、そうした方法があることを教えてやろうと思って、ペーパーを用意していたんです。

そもそも、八重山地区の教科書採択協議会で、多数決で答申を決められるよう、規約が改正されたこと自体が、手続きとしておかしい。だから、そこでの多数決も無効と言わなくてはならない——。答申自体には拘束力はないし、その後、再協議もしているのだから、二〇一一年八月の協議会の答申に法的拘束力があるというのもおかしい、こういうふうに、いくらでも突っ込みどころがあったんですよ。

ですから、石垣市が正しくて竹富町が悪いという当時の文科省の判断には全く根拠がないし、最終的に竹富町は、訴訟に持ち込めば必ず勝てると思っていました。

と、思っていたら、下村大臣、義家政務官の二人から、沖縄県の教育委員会も、竹富町の教育委員会も、しっかり指導しろと言われまして……。

**寺脇** 指導したわけ？

15——地方自治体への国の関与に関し、地方自治体と国との間に生じた係争の処理を目的とする合議制の第三者機関。総務省内に置かれる。そこでの裁定に不服がある場合、地方自治体は高等裁判所で争うこともできる（前川）。

**前川**　しました（笑）。

**寺脇**　つまり、育鵬社の教科書を使うよう、指導をしたということ？

**前川**　はい。沖縄県の諸見里《もろみざと》教育長を呼びつけて——、言い換えればお招きして、表向きは、「竹富町をちゃんと指導せよ」と、指導したわけです。「違法状態がこうして続いている責任は、県の教育委員会にもある」とか言って。

**寺脇**　まさに面従腹背だ（笑）。

**前川**　竹富町の慶田盛《けだもり》教育長も呼びつけて、つまりおいでいただいて、記者たちの前で「是正要求に従わないのはきわめて遺憾」などと、きつい調子で指導しました。

**寺脇**　それ、局長が自分でやったの？

**前川**　はい。ちゃんと指導しろと言われたので、指導したんです。

こんなふうに、無理やり力で抑え込むようなことをする一方で、もう二度とこういう紛争が起きないようにするための、法改正を進めました。

教科書無償措置法という法律の改正なんですが、共同採択のための規約を作る場合、「とことん話し合う」のではなく、最後は多数決で決めるとか、県の指導に従うとかして、必ず教科書を一本化できるようなルールを盛り込ませるようにしました。共同採択地区の中で、教科書を一本化するための縛りを強化することにしたのです。

もう一つは、さっき言った「郡」単位をやめるということです。共同採択という仕組みは残す一方で、「郡」を単位とする地区割の考え方は、もう時代遅れなのでやめましょう、ただし、都道府県教委が共同採択地区を決めるというのは従来通りです、ということにしたわけです。

平成の大合併によって、規模の大きい市がいくつもできる一方で、町村はポツポツと点在するケースが結構あって、場合によっては、郡の真ん中にどかんと大きな市ができる一方、東の端と西の端に町村がぽつんと残ってしまい、地理的にはひどく離れているのに、同じ郡だからという理由で共同採択地区にするという事態も生じていました。だから、もはや郡単位という仕組みは現実にそぐわないという説明をしました。

これは長年の懸案であって、八重山地区の教科書問題はまったく関係ありませんということで、この条項も改正案の中に入れたわけです。胸の中で私は、この法案が通れば、竹富町を〝独立〟させることができると思っていました。

ですから国会などで、「この改正案は何だ?」と聞かれたら、「郡単位というものが、もはや時代遅れになったので改正するだけのことで、それ以上でもそれ以下でもありません」と説明し、「八重山はどうなる?」と聞かれたら、「八重山はどう考えても一つでしょう。共同採択地区の地区割の考え方は、地理的・歴史的・文化的に一体性のある地域を一まとまりにするというもので、八重山の場合、沖縄本島からあれだけ離れたところで、三つの自治体が肩を寄せ合っているわけですから、どう考えても、八重山は一体です」と、説明したんですね。

共同採択地区は、実際には県の教育委員会が決めますので、「県の教育委員会にも確かめました。この改正が行われたとしても、引き続き、八重山は一つの共同採択地区として残すつもりだと、県の教育長は言っています」と言って、国会を乗り切ったんですね。本当は役人としてやってはいけないことだったんじゃないかと……、法律改正ですからね。

**寺脇** でも、だましたわけじゃないからね。実際、沖縄県の教育長は、そう言ってたわけでしょう?

**前川** そう言ったことになっていました。

どういうことかというと、沖縄県の教育長には、「この法案が通ったら、竹富町を円満に分離させることができますよ。共同採択地区をどうするかは、県の教育委員会が決めることですから、竹富町は歴史的・文化的には別だと説明すれば大丈夫です。ですから、今のところは、八重山は一体だということでいいですね」と言ってあったんです。

それで、めでたくこの法案が通ったんですね。改正し次第、パパッとやったほうがいいだろうということで、沖縄県の教育委員会のほうで、間髪を入れず、共同採択地区の見直しをし、竹富町を共同採択地区から分離して単独の採択地区にすることになった。ただ、その後、自民党の部会でも、ガンガン怒られました。下村文科大臣からは、円満に分離させることで紛争の種がなくなって、これでよかったと、最終的には納得してもらえました。

**寺脇**　前川さん自身は、役人の「矩《のり》」を超えてしまったかもしれないという危惧があるかもしれないけど、沖縄県の教育委員会と相談しながら進めたわけじゃないですか。しかもそれは、大局的に見ると、まさに行政がなすべきことだったと思うんだよね。

**前川**　沖縄県の諸見里教育長と、竹富町の慶田盛教育長のお二人は、私の真意を分かってくれていました。

**寺脇**　そもそも法改正自体が、当然のことでしょう。

平成の大合併によって、郡の多くが消滅したし、前川さんがさっき言ったような、おかしな状態になっていたわけだから、あの法改正は、必要だったと思う。

もう一つ、この件で改めてはっきりしたのは、教育委員会は相当独立性を持っているということなんですよ。八重山の各市町の教育委員会が、それぞれの選んだ教科書を採択すると言って譲らなかったとき、沖縄県の教育委員会は「命令」じゃなく、「指導」をしたわけですよね。

命令できないぐらい、市町村の教育委員会の独立性は高い。

こうした中で、教科書無償法の適正な運用が難しくなって、混乱が生じたとき、いま話してくれたような対応を取ることは、十分あり得ることだと思う。それこそ、行政上の知恵だと思うんですよ。

さっき前川さんは、これこそ自分がやった面従腹背の、最たるものかもしれないと言ったでしょう。

このケースでは、ある部分において大臣や自民党に面従腹背をしたのであって、国民をだましたわけじゃないんですよ。

しかも竹富町が八重山地区に残るかどうかは、沖縄県の教育委員会の判断によるわけで、前川さんが国会で「何がなんでも残させます」と答弁したら、それこそ違法答弁ですよ。文科省が、県の教育委員会の自立性を無視して強引に従わせるわけだから。

## †LGBTへの関心

**寺脇** 文科省を辞める前に全職員に送ったメールで、前川さんはLGBT（レズビアン、ゲイ、バイセクシュアル、トランスジェンダー）とかセクシャル・マイノリティのことにも触れてたでしょう。[16] いつ頃から関心を持つようになったのかな？

**前川**　昔から関心を持っていたわけではないんですよ。初等中等教育局長だったときに、性同一性障害の団体の方が、要望活動にいらしたことがあって、そのとき初めて、自覚的に考えたんです。

その方々はＬＧＢＴのＴに属する方々でしたが、性同一性障害で苦しむ子どもたちがたくさんいるのに、学校の先生たちの理解は、まだまだ浅いと訴えられて、いま学校に、性同一性障害に該当する子どもたちがどれくらいいるのか、全国調査をしてほしい、それから学校の先生たちの理解が深まるよう、手引書を作ってほしいというのが、ご要望でした。

トランスジェンダーの中で、性同一性障害に関しては、馳浩議員らが中心になって成立させた「性同一性障害特例法」（性同一性障害者の性別の取扱いの特例に関する法律[17]）がすでにありましたから、この法律の趣旨を踏まえて、全国の小中高を対象に調査することにし

16——メールの当該箇所は、以下の通り。「ひとつお願いがあります。私たちの職場にも少なからずいるであろうＬＧＢＴの当事者、セクシュアル・マイノリティの人たちへの理解と支援です。無理解や偏見にさらされているＬＧＢＴ当事者の方々の息苦しさを、少しでも和らげられるよう願っています」。
17——性同一性障害があり、二〇歳以上で結婚しておらず、未成年の子どもがいない等の要件を満たせば、家庭裁判所の審判を経て、戸籍上の性別を変更できることを定めた法律。

たんですね。
ただし、これは個人情報に関わることなので、きわめて慎重にやらなければいけなかった。具体的には、保護者から話を聞いて、すでに学校が把握しているものだけにし、調査結果は匿名で上げること、報告することについて本人と保護者の了解を得ること、そういう条件をつけて、数字を調べてみたんです。そしたら、全国で六〇〇人ぐらいいることが分かった。この数字は、ごく一部だと思います。それでも、相当数いることが分かったわけです。

**寺脇**　『ハイヒール革命！』（古波津陽監督、二〇一六年）というセミドキュメンタリーがあって、DVDにもなっているから、機会があれば前川さんにもぜひ観てほしい。男性として生まれ、女性の心を持つ真境名《まじきな》ナツキさんが、中学校で、ある女の先生から、ひどいことをたくさん言われ、他の先生たちからも「お前はおかしい」と言われて深く傷つく。それが再現ドラマで描かれているのね。
それから二〇年以上たって、当時の先生と真境名ナツキさん本人が対面するドキュメンタリー部分では、その先生が、差別したという意識を全然持っていないことが浮かび上がってくる。これは本当に怖いことだと思った。実際、いまでも学校の先生の多くは、LGBTについて意識的じゃないと思うんですよ。

以前、京都造形芸術大学の学生でそういう立場の人の話を聞いたことがある。やっぱり、中学でも高校でも、つらい思いをたくさんしていて、この大学に入って初めて、「何でもいいんだ！」と思えるようになったと話してくれたのね。うちの大学は学習者本位だし、考え方も自由だから。逆にいえば、いまの中学・高校は、セクシャリティに関して「何でもいいんだ！」と思える環境になっていないということだよね。

**前川**　僕流に言わせれば、これは個人の尊厳の問題です。

どんな性的指向あるいは性自認であろうと、ありのままの自分をまず肯定しないといけない。

ところが、世の中から、そういう人間は存在してはならないとか、あるべき型から外れているとか、言われてしまう。なにか異なるものというか、奇異なもの。個人を、そのように見なす、間違った社会常識というものがあるわけですね。

かくいう自分も、知らず知らずのうちに、差別的な言葉を使っていた。「オカマ」とか「ホモ」とか。いまも多くの人がこの言葉を平気で使っていますが、当事者にしてみれば、ひどく傷つく言葉なんです。「めくら」とか「つんぼ」といった言葉と同じなんですよ。

そうした言葉を使うことが当事者を傷つけるということを、自覚しないといけない。身体に障害のある人と比べて、ＬＧＢＴの人たちに対する社会的な共通理解というのは、まだまだ不十分だと思うんですよね。

ＬＧＢＴ全部を合わせると、電通の調査[18]では確か全体の七・六％でした。

**寺脇**　だから、全職員に宛てたメールで、文科省にもいるはずだって書いた。

**前川**　絶対いるはずだもの。七・六％というのは、一三人に一人くらいですから。

## †LGBT　ALLY　ステッカー

**前川**　社会的偏見にさらされていると、自己肯定感を失いかねないと思うんです。周囲の偏見をはねのけるのは、なかなか難しい。もちろん、自分はこれでいいんだと自己肯定感を持って暮らしている人もいると思いますが、そうした精神的な強さを持つのは、そう簡単ではないと思うんですね。

自分が同性愛者であることを、世の中に、あるいは同僚に知られたらどうしようと不安を抱きながら暮らしている人は多いと思う。ですから、不安に思う必要は全然ないんだという環境を、少なくとも職場の中には作りたいと思っていたんです。

それで目をつけたのが、ＬＧＢＴ　ＡＬＬＹというステッカーです。このステッカーを貼って、ＬＧＢＴフレンドリーな職場をつくる取り組みをしている会社が日本にも出てきたと知って、文部科学省でもそれができたらいいなと思って。

寺脇　それで、そのステッカーをどうしたの？

前川　自分で作ったんです。

文部科学省のマークは羅針盤をかたどっていて、バウムクーヘンみたいに真ん中があいていて、全体が一二等分されているんです。私にはルーレットにしか見えないんだけど（笑）、その形を使わせてもらいました。LGBTを象徴する虹の色って、赤から紫までの六色なんですね。この六色を二回ずつ使って、丸いステッカーにしたんです。

LGBT ALLYのALLYという言葉は、理解者とか仲間という意味です。だから、LGBT ALLYは一般的には、LGBTの支援を行う、ストレートな人、LGBTでない人のことを指すわけですが、当事者がALLYだと言っても別におかしくない。

ストレートの人でも当事者の人でも、LGBT ALLYのステッカーを机やパソコンに貼っておく。そうすると、私はLGBTに何の偏見もない理解者です、もしその気があるなら私にカミングアウトしてくださっても大丈夫ですよと、そういうサインになるわけですね。

18――電通ダイバーシティ・ラボは二〇一五年四月、LGBTを含む性的マイノリティに関し、全国約七万人を対象にインターネットでの調査を実施した。

実は馳浩さんが文部科学大臣のとき、「こういうのを貼ったらいいと思うんです」と相談したんです。「それはいいな」と言って、「よし、みんなにそれを貼るよう僕が言おう」と。「いや、それは待ってください」と、慌てて止めた。これはね、大臣が命令してはいけないんです。あくまで自発的でなければいけない。賛同したからステッカーを貼って意思表示するという人が、草の根で自然に増えていくことに意味があるんですね。

じつは文科省では、いろんなバッジをつけてる人が多いんですよ。オリンピックのバッジとか。文科大臣だった下村さんが、バッジが大好きで、私も、あれつけろ、これつけろと言われて、行き先に合わせて、とっかえひっかえして、つけてました。

そんなふうに、上から言われたから仕方なくステッカーを貼ったということでは意味がない。職員の中から、自発的にそういう動きが広がっていくのが望ましいと思っていたんですが、なかなか誰も作ろうとしなくて、結局、自分で作りました。

ステッカーのデザインも自分で考えて、LGBT ALLYって書いて。もうオレは文科省を辞めなきゃいけないと思っていたので、その前にこれだけは作っておこうと。結局、次官を辞める三日ぐらい前に出来上がりました。四〇〇枚、作ったんです。それで、信頼できる職員に、「これを預けるから、文科省の心ある人に売ってくれ」とお願いしました。ただじゃないんです。値段は五〇〇円にしました。けっして安くはないですよね。自分はＬＧＢＴ　ＡＬＬＹだという意思表示を本気でしたい人でないと、買わないと思う。原価は二五〇円ぐらいで、売れれば売れるほどお金はたまりますが、そのお金でステッカーをもっと作ればいいし、勉強会を開いたり、啓蒙用の資料を作ったりする費用に充ててもいいと思って。

その後、どうなっているのか話を聞いていないので分かりませんが、こうした動きが少しでも増えていくと、当事者も居心地がよくなってくると思うんですね。

自分が同性愛者だということを、かりにこの人が知ったとしても、自分を変な目で見たりはしないということが分かるだけで、安心感が持てると思うんです。そういう人が少しでも増えたらいいと思って、ステッカーを託してあるんです。

## †「マイノリティはマジョリティ」

**寺脇**　それはすごく大事なことだよね。文科省の後輩たちから、そのステッカーを買ったという話をよく聞くので、前川さんの願いは職員にちゃんと届いている。

ＬＧＢＴに限らず、人がいたたまれなくなる状況を作ってしまうのが、よくないわけですよ。うちの大学の別の学生の話になるけど、彼女は小・中・高と、先生の言うことが納得できなくて、学校が嫌で嫌でたまらなくて、でも行かないわけにはいかないから、我慢して一二年間通っていたのが、この大学に来て、「私のような人間がいてもいいんだ、わーっ、よかった」となったというんだよ。彼女はLGBTじゃなく別の理由だったんだけど、自分はここにいてはいけない存在かもしれないと、ずっと、つらい思いをしてきた。

だから、LGBTの人だけじゃなく、あらゆる人が、「自分はここにいていい」と思えるようにならないといけない。前川さんも、そう考えていると思うんだけど、どうだろう?


**前川**　まさしくそのとおりです。

以前、マイノリティと言われる人たちのことを、考えつくかぎり書き出してみたことがあります。その上で、世の中の何パーセントになるのか、いろんな資料で調べて計算してみたんです。

たとえば貧困家庭の子どもは一六パーセント、ひとり親家庭の子どもは八パーセント、発達障害は小中学生の六・五パーセント、LGBTは七・六パーセント、食物アレルギーのある子ども（三歳児）は五パーセント、喘息《ぜんそく》のある子どもは三パーセント、色覚異常だと、男女で違いがあって、男性のほうが多くて、割合でいえば五パーセント。不登校は中学校で三パーセント。このほか、在日コリアンの人とか、被差別部落出身の人とか、アイヌの人とか、そういったマイノリティと言われる人たちを、考えられるだけ書き出して、そのパーセンテージを足してみると、五〇パーセントを超えるんですね。つまり、多数になる。

逆説的ですが、マイノリティはマジョリティであるという結論に至ったわけです。つまり、大多数の人はなんらかの意味でマイノリティに属していると考えていいと思うんですね。

思想的な意味でのマイノリティもいるでしょうし、極端に背が高いとか、逆に背が低いという意味でのマイノリティもいるでしょう。泳げない人とか自転車に乗れない人とかもマイノリティ。左利きもマイノリティ。沖縄県民を日本国民の中のマイノリティととらえることもできるでしょう。そういう、いろんな意味でのマイノリティ。

一人ひとりが違う存在なんですね。だから、いろんなタイプのマイノリティがいるということを、自覚しないといけない。

とくに学校という場所には、あらゆる人が学びに来るわけですから、学校や教師は、そのことを知っておかなければいけない。文部科学省も、そのことをきちんと知っておく必要がある。一人ひとりの、その人らしさが活かせるようにしてあげなければいけないわけですから。

食物アレルギーのように、生命にかかわるマイノリティもあるわけです。これは、ちゃんと知っておかないといけないですよね。

LGBTだって、偏見にさらされ続けたら、自己肯定感を失ってしまう。この世の中に自分の居場所はないんだと思い詰めて、自死にいたることだってあるわけだから、ちゃんと知っておかないといけない。

教師たるもの、どんなマイノリティが自分の教室にいるのか、つねに気を配らなくてはいけない。これはものすごく大事だと思うんですよね。

**寺脇**　それは大事だね。学校は学びの場であると同時に、一人ひとりが自分を肯定し仲間と認め合うところでなければならない。学習するだけなら、自学自習でも塾でも家庭教師でもいい。「自分はこの世に生きていていいんだ」「自分もみんなの役に立つことができるんだ」と確認することができなければ学校に行く意味なんかない。不登校を認め、中卒認定試験や高卒認定試験によって、学校に行かなくてもいい状態が確立している現在でも大多数の子どもが学校に通うのはそれがあるからでしょう。

## †学校外での学びの場の保障——教育機会確保法

**寺脇**　去年（二〇一六年）の一二月に、教育機会確保法が成立したわけですが、前川さんは、いつ頃からこういうことをやろうと考えてたの？

**前川**　もともとこの法案は、文部科学省が提出したものではなく、馳浩さんを中心に進められた議員立法なんですね。ただ実際には、馳さんの下で、僕と亀田徹君という担当官が文科省側でサポートしながら作り上げました。

この法律は、フリースクールと夜間中学の両方をカバーしているんです、どちらも、これまでの義務教育制度からこぼれ落ちてしまった人たちを救うための学びの場なんですね。そういう人たちのことが、私はずっと気になっていました。

じつは文部科学省の中でも「学校信仰」が強くて、不登校の子を学校に戻すことを、最終的な目標としてきたんですね。

ですが、三〇日以上学校を休んだ不登校の小中学生は、昨年度の場合、一二万六〇〇〇人を超えています。小中学生の人数は減ってきているのに、ここ三年間、連続して増え続けている状態です。出席日数が年間一〇日以下の、いわゆる「無登校」の子も、小中合わせて一万三〇〇〇人ほどいます。うち中学生は一万一〇〇〇人。一学年に四〇〇〇人ほどいることになります。

文部科学省の方針どおり、不登校の子どもたちを何とか学校に戻せたとしても、そこが安心して過ごせる場所になっているかというと、必ずしもそうではありません。

どうしても学校に戻りたくないなら、学校外に学ぶ場があってもいい。

そうした場を、これまでの文部科学省のように、あくまで学校に戻すための指導の場として考えるのではなく、むしろ、学校外での学習の場を、もっと積極的に認めていいんじゃないかと、ずっと考えてきたんですね。

ところが、文部科学省の中で、そういう考え方は、どちらかというと異端で、これまでなかなか、前に進むことができなかった。

こうした中で、馳浩さんが中心となって、議員立法というかたちで動き出したので、協力させてもらったわけです。

じつはこの法案には、フリースクールなど、学校外の学びの場での学習も義務教育として認めるような条文を盛り込みたかったんですね。ところが、「学校教育の根本を揺るがす」とか「不登校を助長する」といった批判を与野党から受けて、この部分は残念ながら、取り下げざるを得なかった。

フリースクールは今、文科省が把握しているだけで全国に四七四あって、少なくとも四二〇〇人の小中学生が通っています。緩やかな時間割を作って、国語や算数（数学）などのカリキュラムを設けているところもあれば、安心して子どもが過ごせる居場所であることを重視しているところもあって、多様な学びの場が、それなりに実現しているんですね。

なのに、文部科学省内をはじめとして、否定的な評価をする人がまだ結構いるんですね。

教育委員会にしても、教師をしていた人が多いので、学校中心主義になっている人が少なくない。

　私自身は、学校はもっと柔軟になったほうがいいと思っています。

　それで言うと、構造改革特区の一環として始まった教育課程特例校制度では、弾力的なカリキュラムの編成が可能になっているんですね。

　不登校の子どもたちについて言えば、不登校特例活用校という制度がすでにあります。これは、不登校の子どものために学習指導要領によらずに教育課程を編成することができるという制度で、二〇〇二年に構造改革特区制度の中で認められた特例措置を二〇〇五年に全国化し、学校教育法施行規則の改正によって設けられたものです。文科省が特例の必要を認めて指定すれば、国語、算数などの教科の区別や授業時数、学習指導要領の定めにしばられない独自のカリキュラムを組むことができるんです。

　大事なのは、一人ひとりの子どもが、自分を生かせる多様な場を、大人の側が用意してあげることだと思うんです。言い換えればそれは、知識偏重型の教育を、子どものあり方に合わせて変えていくことですが、その時に文部科学省がはたす役割は大きいだろうと、私自身は考えています。

　それで言えば教育機会確保法は、不登校は誰にでも起こり得るもので、それでもなお、無理して学校へ行かせる必要はないと、「休養の必要性」をはっきり認めています。子どもが、どうしても学校に行きたくないと言って、自分を追い込んだり、腹痛がひどくなったりしても、親御さんからすると、なかなか休ませにくかったと思うんですね。教師にしても、子どもの様子を見て、しばらく休んだほうがいいと心の中で思っても、なかなか、休んでいいですよとは言いにくかった。ですが、この法律ができたおかげで、「休んでもよい」ということになったんです。

そうなると、フリースクールなど学校外の学習の場が、ますます重要になってくるわけです。実際、この法律では、国や自治体に対して、フリースクールといった学校外の施設の情報を提供するよう求めていますし、自治体とフリースクールが連携するよう求めています。ただ、フリースクールの費用は、原則自己負担となっていますから、その支援をどこまでできるかなど、まだまだ課題も少なくありません。

**寺脇** 不登校のことで言えば、私が広島の教育長をしていた時に、「不登校をしてもいいんだよ」と、初めて言ったんですよ。

**前川** あれは画期的なことでした。

**寺脇** もう二〇年以上も前のことになるけど、当時、広島県内にあるフリースクールの子どもたちと付き合っていて、いじめなどさまざまな理由で学校に行くことが耐えられない状況なら無理に学校に戻す必要はないと思ったんですよ。それで、「無理して学校に来ることはない」と言ったわけです。

**前川**　県の教育長が「学校に来なくてもいい」と発言したわけですから、これは大きかった。ものすごく感動した記憶があります。

実際、「学校は行かなくてはならない」という強迫観念があるから、どんなにつらくても無理して学校へ行って、最後はもう死ぬしかないと、自分を追い詰めてしまうわけです。

**寺脇**　そのとおり。でも、学校はね、死ぬほどの思いをして行くところじゃないんですよ。

## †夜間中学の規制緩和

**寺脇**　前川さんが法案作成にかかわった教育機会確保法では、夜間中学のことも条文に盛り込まれているんだよね。これについてはどう?

**前川**　夜間中学[19]は今、八都府県に計三一校が設置されています。現在その生徒の八割が、じつは外国人なんですね。日本の政府は移民受け入れ政策をとっていませんが、すでに一

19――正式名称は「中学校夜間学級」。夜の時間帯に授業が行われる公立中学校の、夜間学級のこと。

〇〇万人以上の外国人労働者がいます。本国に帰らず、様々なかたちで日本に定住していく人たちも多いわけです。こうした外国人が日本の社会に適応していくための学習の場として、夜間中学は重要な役割を負っています。

今後、夜間中学への入学が増えるだろうと見込まれるのは、中学校形式卒業者です。不登校になったり、親から虐待を受けたりして、ほとんど中学に通うことができなかった人が、中学を卒業した後、たとえば二〇代になってから、夜間中学で勉強をやり直したいと思っても、文科省はそれを認めてこなかったんですね。八〇年代までは認めていたんですが、すでに中学を卒業しているからという理由で、そうした人たちの入学を認めないよう、各県の教育委員会に指導したわけです。

「形式卒業者」とは、十分な教育を受けないまま中学校の卒業証書だけは渡された人たちのことですが、その当事者や夜間中学の教職員たちからも、形式卒業者の夜間中学への入学を認めてほしいという強い要望があったんですね。しかし、文科省は長い間その要望に応えようとはしなかったんです。

明らかにそれは、政策的に「こぼし落とされた人」なわけですから、こういう状況を放置してはいけなかったんです。中学校卒業者が再び中学校に入学してはいけないという法律はないんです。そこで、二〇一五年の七月に文科省は態度を改め、そうした人も「入学希望既卒者」ということで、夜間中学に通えるようにしましょうという通知を出したんです。これこそ、不合理な岩盤規制の撤廃だと思うんですね。あまりに遅すぎましたが。

フリースクールにせよ、夜間中学にせよ、その意義を認め、支援する改革が進むと、学校制度が危うくなると心配する人もいます。でも私は、心配していません。

憲法二六条第二項には「すべて国民は、法律の定めるところにより、その保護する子女に普通教育を受けさせる義務を負ふ」と書いてあります。「普通教育を受けさせる義務」イコール「学校教育を受けさせる義務」ではありません。

寺脇さんも言われるように、大事なのは、学習者の学ぶ場を保障することです。一人ひとりの、多様なあり方に即した、多様な学びの場を用意すること。それこそが、これからの文部科学省の使命の一つだろうと、私は考えています。

第4章

# 国民のみなさんに、問いたいこと

## ――加計問題と教育行政のゆくえ

## †文科省の天下り問題

**寺脇**　今年（二〇一七年）一月に文科省の組織的な天下りが問題になって、前川さんはその責任を取って一月二〇日に辞任しています。

その数カ月後、前川さんの加計「文書」発言が大きなきっかけとなり、連日マスコミではこの問題が報じられ、国民的な関心事になっていきました。

こうした中で菅官房長官は、前川さんの引責辞任について反論し、「当初は責任者として自ら辞める意向を全く示さず、地位に恋々としがみついておりましたけれども、その後の天下り問題に対する世論からのきわめて厳しい批判等にさらされて、最終的に辞任をされた」と言ってのけた。[1] 私はそれを聞いて心底驚いたし、そんなことは絶対にないだろうと思ったんですね。

ところが話はそれで終わらなくて、七月一〇日に行われた参院の閉会中審査で菅官房長官は、前川さんが「せめて定年の期限となる三月まで次官を続けたい」と言ったという、杉田和博官房副長官の報告を持ち出して、前川さんのことを貶めようとしたわけです。[2]

これは菅官房長官が言ったことではないけれど、加計問題についての前川さんの一連の行動は、天下り問題で辞めさせられた恨みを晴らすためだとか、意趣返しだといった、根も葉もないことを口にする連中がいて、本当に腹が立った。

ただその一方で、前川さんが辞任するきっかけとなった、文科省の天下り問題が何だったのか、きちんと話をしておいたほうがいいと思うんだよね。

**前川** あれはもう、釈明の余地なく、責任をとって辞めなきゃいけない不祥事でした。

**寺脇** まったくその通りだけど、ただ一方で、他の省庁の役人は、あれくらいならウチの事務次官は辞めたりしないなどと言ってるんですよ。かれらは、処分というものの重みが分かってないいんじゃないかな。

文部科学省の行う教育行政では、違法行為をした教職員に懲戒免職をはじめ厳しい処分を科す場面が多々ある。わたしも、広島県教育長をしていたときには県立高校の教員に懲戒免職処分を行ったことがあります。それ相応の理由があるにせよ、これは一人の人間の

1――二〇一七年五月二五日に開かれた記者会見での発言。

2――七月一〇日の閉会中審査で前川氏は「全く事実に反する。一月四日には引責辞任を決意し、文科省の親しい幹部に伝えた」と反論。さらに前川氏は、松野博一文科相へは五日に辞意を申し出、杉田氏にも引責辞任の意向を伝えたと説明。翌一一日に前川氏は、辞意を申し出た時期は、正しくは一月六日で、この日大臣室で、文部省幹部二人が同席する中、引責辞任する意向を松野大臣に伝えたと、文書により訂正した。

人生を左右することであるとともに、家族など周囲の方々にもきわめて大きな影響を与えるわけです。そうした際、責任者として教育長である自分自身にも処分を科すくらいです。そうした行政に携わる者が、自分たちの犯した法律違反について厳しい処分を受けないなんてあり得ない。

**前川**　この問題では、文部科学省の職員が、再就職の調整の話を、受け入れ側と直接してしまったケースがいくつかありまして、これはもう明々白々な違法行為なんですね。

文部科学省のOBを介した再就職の調整については、再就職規制に抵触しないだろうなと思っていた部分もあったんですが、今さらそれを弁解しても仕方がありません。

ただ、言い訳のように聞こえるかもしれませんが、再就職規制違反とされたケースの中に、受け入れ側の利益になるよう、その大学に職を得たOBが現役の職員にねじ込んで、学部の新設を認めさせようとするようなものは一つもありませんでした。

**寺脇**　文部科学省OBで、加計学園理事と、その系列の千葉科学大学学長になった木曽功さんなんて、その典型でしょう。前川さんが事務次官のとき、訪ねてきて「獣医学部の件でよろしく」と言ったわけだから。

**前川**　あれこそ、天下りによる弊害の最たるものです。それによって、行政がゆがめられかねないわけです。しかも受け入れる側は、ポストを用意する代わりに、その人が出身省庁の後輩に対して、自分たちに有利になるよう働きかけることを期待してるんですね。しかし、木曽さんの加計学園への再就職は何ら規制には触れていないわけです。

**寺脇**　前川さんに会って話をしたことは、朝日新聞の取材に対し木曽さん自身も認めていて、会ったら獣医学部が話題として出ないほうがおかしいと開き直ってた。ひどい話だよ。

ただね、他の省庁も天下りはしてるじゃないかという議論は、私はあまり好きじゃない。法律に反してあの人もやってるとかいう話じゃなく、自分がしてはいけないというだけのことですから。実際、今年一月に持ち上がった文科省の天下り問題は、法律に反する部分があったわけだから、厳粛に受け止めるしかない。

**前川**　おっしゃる通りです。

**寺脇**　今回、処分を受けたのは四三人にも及ぶんだけど、なかでも早稲田大学に行った吉田大輔さんは、相当批判されてたね。

**前川**　吉田さんは、著作権法の世界では日本で指折りの権威ですから、人事課が無理して再就職を斡旋する必要はなかったんです。

**寺脇**　著作権法の教授になっていればよかったのに、大学総合研究センターなんていう、誤解を招きやすいところに所属したことも、批判が集中した一因になっているよね。

**前川**　そうなんです。ただ、吉田さんにしても、早稲田大学に便宜を図るために文部科学省に圧力をかけるといったことは一切していません。吉田さんは、早稲田大学では高く評価されていて、彼の講義は学生からの受けもよかったと聞いています。

**寺脇**　天下りで問題になるのは、役所の側が、再就職のポストを作ってくれたら補助金をつけてやるとか、この人を受け入れなければ事業の認可は難しくなるとかいった、圧力をかけること。こんなことは、許しちゃいけないよね。

それで言うと、今回の一件では、監視委員会の結論でもそうしたことはなかったとされている。ただ、現役の職員が再就職の斡旋に関わっていたという部分で、法に反していたわけだ。この点で認識が甘かったと批判されても、当然だよね。

## †「天下り」と「再就職」

**前川**　おっしゃる通りです。この点は十二分に反省しなければなりませんし、何より文科省への信頼を失わせたのは、早稲田の件の隠蔽工作です。人事課の職員が直接斡旋行為をしたことを隠すために、実際には仲介していなかったOBを仲介者に仕立て上げ、口裏合わせをして、再就職等監視委員会に対し、虚偽の説明をした。これは罪の上塗りでした。ただ、文部科学省が大学を所轄しているからといって、文部科学省を辞めた職員が大学に再就職すると、法に反していなくても「天下り」と言われてしまうことには違和感があります。

**寺脇** そういう場合は「再就職」と言わなきゃいけないんだよ。

わたしは一一年前に役人を辞めるとき、その後の職について役所の世話には一切ならないと、あらかじめ伝えておきました。で、今の京都造形芸術大学にお願いして理事長に面接をしてもらい、わたしの個人的な専門分野である映画を教える教授として再就職したわけです。だから、うちの大学にもわたしにも、「天下り」という意識は全くありません。

**前川** 再就職そのものは、その人がこれまで培った経験や知識を、ほかの場所で生かす貴重な機会ですから、悪いことではないと思うんですね。

といっても、実際には、再就職を果たしたOBが、後輩にねじこんで、就職先の便宜を図るといった弊害が起き得るわけです。これをどう防ぐかは、難しい問題です。

私が知る範囲でいえば、これまで、再就職のために無理やりポストを作らせたケースはありません。大半が、大学側からの要請です。

**寺脇** 官民人材交流センター[3]を活用すれば、もっとすっきりすると思うんだよね。

3——退職後の国家公務員の再就職の援助と、官と民の円滑な人材交流の支援を目的に、二〇〇八年に内閣府に設置された機関。

**前川**　そうなんですが、文科省の退職者は利用していないんですよ。

**寺脇**　あそこを利用するようになれば、さっきの吉田さんの場合にしても、このセンターを通じて、早稲田大学が「著作権を専門とする教授を求む」と求人告知し、「自分にはそれだけの力があります」と、吉田さんが応募すればいいわけだよね。ところがあのセンターは、現在あまり活用されていない。

**前川**　政策課題として、官民人材交流センターの抜本的な見直しと活性化が挙がってきてもおかしくないですよね。

**寺脇**　ホントだよ。そういう政策なら、多くの国民が納得するんじゃないかな。

ただ、聞いた話では、あのセンターに相談に行くと、費用は負担するから民間の就職斡旋会社に相談に行ってくださいと言われるらしい。

そうすると、これまで自分がやってきた仕事とは畑違いの仕事が多いんだね。それでもいいと思って、そこに行くかどうか……。現実にはあまり活用されてないわけだから、公式に「霞が関版ハローワーク」みたいなものを新たに作ったほうがいいんじゃないかな。

**前川**　官民人材交流センターの長は官房長官ですが、業務はそっくり竹中平蔵氏が会長を務めるパソナに委託されていると聞いています。まあ、私としてはこのセンターのご厄介になりたいとは全く思いませんね。一方、各省庁版職業紹介所のようなものは、いくつかの省庁にすでにあると聞いています。いずれも、役所のOBが作った会社で、職業安定法上の認可を取って、役所のOBを紹介しているというんです。結構うまく行っているケースもあり、法的にも、まったく問題ないそうです。

それで言うと、文部科学省の場合は、そのような会社が存在せず、特定のOBが本省と一体化して再就職の世話をするようなかたちになっていたという点で、ある意味、きわめて杜撰《ずさん》なやり方をしていたとも言えるわけです。

### 加計問題、再論

**寺脇** これからの教育行政を考える上でも、加計学園の問題は避けて通れないと思うんですね。

計画では来年（二〇一八年）四月に開校するということですが、どんな学部になるのか、さっぱり伝わってこない。五二年ぶりの獣医学部だとか、岩盤に穴を開けたとか、その手の話題ばかりで、「国際水準の学部」にすると言われても、いまだに教育理念すら明らかにされていません。

これでは高校生だって、受験先としていいのかどうか、判断のしようがないわけですよ。「国際水準の学部」にしたって、何の証拠もないわけですから、普通に考えれば大学設置・学校法人審議会（設置審）[4]が、このまま認可するとは思えません。

**前川**　そもそも、設置審に申請もしていない段階で、平成三〇年四月に開学すると決まっていたわけで、こんなおかしな話はありません。共同告示で平成三〇年度開設という条件を公にしたのは今年の一月ですが、昨年の九月にはすでに「平成三〇年四月開設が大前提」「官邸の最高レベルが言っている」「総理のご意向」と内閣府の審議官からお達しがありました。その発言が文科省内の文書に残っていたわけです。

ご存知のように、これには前例があります。

国際医療福祉大学・医学部の新設ですが[5]、このときも、まだ設置審がまだ始まっていない段階で、平成二九（二〇一七）年四月に開学と書かれていました。これだって、本当はおかしかったんです。

**寺脇**　震災関連の特例となった東北医科薬科大学（二〇一六年四月開学）を別にすると四三年ぶりの医学部新設だった。獣医学部の場合、五三年ぶりの新設になるわけだから、審議が慎重になって当然なんですよ。もっと短いスパンで作られる学部とはワケが違う。むしろ、それこそが、本来あるべき姿だと思うんです。

**前川**　医学部にしても獣医学部にしても、きちんと教えられる人材は限られています。こうした中で、「一校でも二校でも、どんどん学部新設を認めてい」ったりしたら、教育の質が低下して大変なことになってしまう。京産大が獣医学部の新設をあきらめたのは、平成三〇年四月開設に間に合わないということと、必要な教員が集められないということが理由だったと思いますが、加計学園のほうは正式決定よりはるか以前から教員確保や施設建設を始めていた。加計学園は初めから必ず自分のところの獣医学部新設が認められると知っていたのだとしか思えません。

設置審には専門委員会があって、獣医学部の新設であれば、そこで教えることになる教員の適性を、獣医学の先生たちが専門家の目で検討することになっているんですね。

信頼に足る教員が揃っているということは、大学にとって生命線と言ってもいい核心部分です。その吟味をするわけですから、専門家に任せるのが一番です。それなのに、獣医学の専門家が審査を行うことすらも、岩盤規制だとか、既得権益の擁護だとか、批判されてしまう。

4――大学設置・学校法人審議会の略称。大学・学部の設置などの認可の適否を調査・審議し、文科大臣に答申する諮問機関。委員は大学学長や教員、学校法人理事長、産業界の有識者などで構成され、その日程や内容は公正性の確保などを理由に、一定の期間を経るまで明らかにされない。

5――設置審は二〇一六年八月二六日、国際医療福祉大学が申請していた、国家戦略特区である千葉県成田市での医学部新設を認めるよう、松野文科大臣に答申した。

**寺脇**　だから、規制緩和と言うものの、いつ誰がどのような理由でＯＫしてここまで来たのか、はっきりしないところが相当あって、言ってみれば、合意形成過程が全然オープンじゃないんですよ。

本当に獣医学部が必要だというなら、別の対応の仕方だって、あるはずです。それで言うと、九〇年代以降に看護教育の大学化が進んで、四年制の看護系大学が一気に増えたとき、私も医学教育課長として関わっていたんですね。

当時、より質の高い看護を国民に提供するには、看護教育の大学化を進める必要があるだろうということで、すべての国立大学医学部に看護学科を設けることにし、公私立の四年制の看護系大学も増やしていくことになりました。

強引なところもありましたが、質の高い看護を提供するという、国民のための「規制緩和」でしたから、ああするしかなかった。ですから、いま本当に獣医学部が必要だというなら、加計学園みたいに特区をベースにしたりせず、全国規模で検討すればいいんですよ。

**前川**　ただ、少子化が進んでいますので、大学については全体的な縮小が必要になってくると思うんですね。

いくらでも大学設置を認可し、認可した大学はすべて、私学助成の対象にします、というわけにはいきません。

法科大学院の場合、ピーク時には七四校ありましたが、次々と定員割れを起こし、今では四五校にまで減少しています。このような前例もあるわけですから、全体の質を確保し、人材の需給に極端な偏りが生じないような一定のコントロールと、大学を設置する自由度とのバランスをどう実現するかという政策論・制度論をちゃんとすべきだと思うんですね。

**寺脇** いま言った需給について、大事なことだから補足すると、獣医師の需給について、文部科学省は管理する立場にないんですね。筋からいえば、農林水産省がやらなきゃいけない。それなのに、はっきりとした判断を示さずに逃げ回っていたから、文科省は判断ができないと主張していたわけです。

看護教育の四年制大学化における規制緩和の話からも明らかなように、これまでも文科省は教育の分野においてさまざまな「岩盤規制」を取り払ってきたんですよ。私や前川さんが入省した当時と比べたら、いろんな分野で規制緩和が進んでいます。

私たちが若い頃の文部省は加戸《かと》守行さんたちが活躍していた時代ですが、言ってみれば、「岩盤規制」だらけだった。もちろん、加戸さんのことは尊敬していたけれど、当時はそういう立場で行政をやっておられたんですよ。その後、愛媛県知事という立場になられてからは、逆に国に対して規制緩和を求めるお立場になった。

明治期から、加戸さんたちの時代あたりまでは、教育というのは国や社会のためにあるという考え方が根強かったんですね。やがて、一人ひとりの子どものため、学習者のためという生涯学習的な考え方が出てきて、そういう中で、前川さんや私たちは色々やってきた。

金儲け第一の新自由主義者の方々が教育の分野で加計学園問題のような規制緩和を強く求めるのは、学習者のために教育があるなんて全く考えず、ただ経済効果だけを求めているからなんでしょうね。だから、誰のために、どんな学校を作るのかという考えが少しも見えてこないんですよ。

**前川**　だからでしょうね、どういう学生のために、どういう教育をするのかが、見えてこない。学生不在なんです。

### †「規制緩和」論の短慮

**前川**　「規制緩和」論者からすると、規制イコール悪なんですよね。

**寺脇**　そんなこと言うなら、すべての規制を取り払ってみたらいいと思う。その時、どんな社会になるのか、考えなくてはいけない。

**前川**　それはもう、だれもが競争相手で、競争に禁じ手がないんですから、いっときも気の抜けない、弱肉強食の社会になってしまいますよね。

**寺脇**　今なお、市場原理主義者が政策に関与し続けているから、タチが悪い。加計学園の獣医学部新設を推進した国家戦略特区諮問会議の民間議員とか。

**前川**　言ってみれば、国家戦略特区ワーキンググループ（ＷＧ）がルール決めて、各省はそのルールに従わされているようなものです。

彼らに言わせると、本来、人間社会において規制というものは一切存在せず、いわば原始自由社会とでも言うべき状態だったと言うんですね。そこでは経済活動も完全に自由に行われていたというのが、彼らの議論の出発点なんです。

実際には、いろんな規制が積み上げられてきているわけですが、彼らはそれをいったんリセットして、本来自由であるということを大前提にするわけですね。

そうすると、何らかの規制をかけている場合は、その必要性が証明されなければならない、というのが彼らの言い分なんです。こうして彼らは、規制が必要である挙証責任を各省に負わせて、それが立証できなければ、その規制は外すと主張するわけです。

こうした次第で、加計学園の獣医学部に関連して、なぜ獣医学部の新設を認めようとせず、規制をかけてきたのか、その根拠を示せと、さんざんいじめられたわけです。

しかし、獣医師の将来の需給に関しては、先ほど寺脇さんも言われたように、文部科学省は把握しておらず、農水省のほうで考えてもらわないと、確かなことは何も言えないわけです。獣医師の国家資格を所管しているのは、農水省なんですね。

ですから、もし農水省が、将来的には年間一〇〇人規模で、獣医師を増やす必要があるというのであれば、その考えにもとづいて一〇〇人分、定員を増やしますし、その場合も、既存の大学の定員を拡大するやり方もあれば、新たに獣医学部を新設するのを認めるやり方もあるわけです。

ところが現実には、農水省はこの点について何も言っていません。いや、正確には、「獣医師は将来的にも足りています、ただ我々の立場では、獣医学部を増やすなとは言えません」と言っていたんですね。農水省がきちんと責任を持って参加してくれなければ、そもそも議論が成り立たないわけですよ。

たしかに、新薬を開発するために必要な獣医師人材など、従来の獣医師の仕事にはなかった新しいニーズが生まれているのであれば、その分野の人材需給を明らかにした上で、その需要に応じた獣医学部の新増設を検討する余地はあると言えるでしょう。

実際、獣医学部の新設を検討するには、「既存の大学・学部では対応困難」など四つの条件を満たす必要があるということが、二〇一五年六月の閣議決定で示されていて、四条件の一つが、「ライフサイエンスなどの新分野で獣医師の具体的な需要が明らかになる」ということなんですね。[6]

従来の獣医師がする仕事とは異なる、新しい分野であろうと、獣医師の資格がなければできない仕事が想定されているんですから、誰が見ても農水省が所管する問題だと思いますよ。それなのに農水省は、そういう新しい分野は、うちじゃないと言ったんですよ。「うちじゃない」なら、どの省の所管なのか。新薬の開発とライフサイエンスは厚生労働所の所管だというなら、厚労省も参加してくれないと、議論は成り立ちませんよね、ですから文科省としてはこの問題については、農水省と厚労省が入ってきて一緒に議論をしないと結論は出せませんよ、と主張してきたわけです。

にもかかわらず、内閣府、あるいは諮問会議の方々は、こちらの言い分にまったく耳を貸そうとせず、いや学部新設に規制をかけているのは文科省なんだから、「必要だ」と言うか「必要じゃない」と言うか、それを決めるのは文部科学省の責任だと攻め立ててきたんですよ。

結果として内閣府は、「広域的に獣医学部が存在しない地域に限り」とか「平成三〇年度開設」とかいう条件を、確たる根拠もなく立てて、有力な候補だった京産大の可能性を

6――四条件のうち、残り二つは「既存の獣医師養成とは違う構想が具体化」、「獣医師の需要の動向も考慮して全国的見地から検討」というもの。

つぶす一方、今治市つまり加計学園の構想が閣議決定の四条件にかなうものかどうかはほとんど不問に付し、「世界に冠たる獣医学部」を作るなどという空手形だけを根拠に、加計学園の獣医学部新設を認めた。「行政が歪められた」と私が言ったのは、こういう経緯のことです。

## †省庁間で徹底議論を！

**寺脇**　今度の一件で文科省は、獣医師会と癒着しているとか、そんなことまで言われてしまったわけですね。

濡れ衣もいいところですが、前川さんがさっき話してくれた、内閣府や農水省、厚労省とのやり取りなども、もっと明確に国民の前に示されていたら、その後の展開も、もうちょっと違っていたんじゃないでしょうか。それが足りないから、あらぬ疑いをかけられることにもなっていると思うんですよ。

関係各省のあいだで、どうしてもここは譲れないとか、ここまでは妥協できるといった、徹底した議論をして、なんとか妥協点に達したなら、論点を整理して、これこれこういう理由で総理は決断したと、国民の前に示す必要があると思うんですね。

文科省は、これについてはこういう主張をしました、それでこういう論争になって、現在、こういう懸念を持っていますということが、この論点整理で明らかになれば、いらぬ誤解を生むこともなくなるし、国民から信頼を得る上でもプラスになるはず。
それで言うと、いまは覚書は取らないのかな？

**前川**　いまは取らないですね。覚書を交わしていたときは、どういう議論をしたかの証拠になったんですよね。

**寺脇**　そう、証拠だよ。ある政策や法律を動かすときには霞ヶ関の省庁同士で徹底的に議論をするものだった。私も含め役人は議論好きの人が多いから、夜を徹してでもやり合う。そして両者がどんな主張をしたか、どんな条件で最終的に折り合ったかを、互いの担当局長や課長同士が公印を押してきちんと覚書に残していたわけです。
かつて私が関わった生涯学習振興法（九〇年制定）のときなんか、生涯学習はあらゆる省庁に関係するから、もう何十枚と覚書を作りました。

**前川**　そういう役所同士の真剣な議論がなくなってきている感じなんですよね。

**寺脇**　そのことも大きな問題なんだよ。

**前川**　省庁間で、そういった真剣な議論をやった上で、政治主導で決めればいいと思うんですね。

**寺脇**　そう、最後の最後は、政治主導で決めていいんですよ。

その前段階で、役人同士が徹底した議論をし、そこではっきりしたものの中から、政治家がどれにするか決断すればいいだけの話です。

だから、せめて議論ぐらいはさせてくれと思いますよ。政治家にしても、それを拒む理由はないはず。

一番いけないのは、総理のご意向だからといって、議論を許さず、自分たちの持っていきたい方向へ押し切ろうとすることですよ。政治主導だからといって、必要な議論すらはしょろうとする内閣府のやり方は、明らかにおかしい。

関係各省でさんざん議論をさせた上で、最終的に総理が「はい、加計でやります」と決めればいいだけの話じゃないの？

**前川**　でも、そういう議論の場はなかったんですよ。内閣府は「総理のご意向」を笠にきて高圧的に押してくるだけだし、農水省や厚労省は逃げ回るだけだったし。

**寺脇**　私自身は、役人時代さんざん各省折衝をやったんだけど、その経験でいうと、最初は、課長補佐レベルでやって、そこで折り合いがつかなければ課長同士でやって、それでも合意に至らなければ局長同士でやって、最後は事務次官同士でやってもらう、という流れになっていた。

それぞれの段階で覚書を交わすから、すべて記録として残るわけです。せっかくのこの慣行、いつ崩れちゃったの？

**前川**　中央省庁の再編のころからなくなったと思います。規制緩和関係の場合、内閣官房や内閣府の主導で、既定の方針を他の省庁に押しつけるケースがほとんどじゃないでしょうか。

**寺脇**　先日、文科省のある課長が、「内閣府って、自分たち文部科学省より上に位置する官庁だと思ってますよ」と言ったので、びっくりしたんですね。少なくとも私は、二〇〇一年に内閣府が誕生したとき、一府一二省庁すべてが対等だと思ってた。

というのも、内閣府設置法には、「内閣府は、内閣の重要政策に関する内閣の事務を助けることを任務とする」（第三条第一項）と書いてある。では内閣はというと、内閣法により「内閣は、国会の指名に基づいて任命された首長たる内閣総理大臣及び内閣総理大臣により任命された国務大臣をもつて、これを組織する」（第二条第一項）と規定されてるわけだから、文部科学大臣もその構成員であるところの内閣を助ける立場であって、少なくとも対等なんじゃないか。

**前川**　でも、「総合調整権」があるということは、ずいぶん言われますよ。

**寺脇**　もちろん、ありますよ。その調整権を行使するためにも、議論はしなきゃいけないわけですよ。

**前川**　総合調整権イコール命令権じゃないということですね。

**寺脇**　そうそう。

かつて私は、臨時行政調査会事務局に出向していたことがありますが、ここは法律によって設置された総理直轄の審議会なので、各省庁の上位という位置づけになっていたと思うんですよ。

だからといって、言うことを聞かせようとして、力でねじ伏せるということはなかった。議論をするときには、言いたいことを各省にすべて言わせた上で、調整をしながら、どうするかを決めていたわけです。

だからこそ、国立大学が民営化を免れたり、学校給食制度が廃止されずに済んだ。文部省の言い分が通ったんですよ。

もしあのとき文部省に、そうした抗弁の機会が与えられなかったら、少なくとも給食制度は廃止され民営化されていたと思う。

いまでは給食もかなり合理化が進みましたが、当時は、学校ごとに給食職員を雇っていたので、かさむ人件費をどうするという議論が沸き起こって、その流れで、民営化すればいいという話が出てきたわけですね。それでも、力で押し切るということは、なかった。

## †側用人政治

**寺脇**　前にも言ったけど、結局、政治主導になるのが悪いわけじゃなくて、官邸トップと文科省のあいだに入っている人間が、権力を笠にきて「黙れ、黙れ」と言ってるのが、よくないわけですよ。側用人政治に堕してるわけです。

今年（二〇一七年）五月一七日の「朝日新聞」朝刊で、「総理のご意向」文書のことが報じられたんだけど、これを見てまず思ったのは、こんなふうに物事が決められているのか、ということ。もし外交とか安全保障で、こんなやり方がまかり通ったら、それこそ大変なことになると思った。

**前川**　実際、外交でも起こっているようですね。外務省と官邸の間に、相当、ポリシーの違いがあると言われています。外交にせよ内政にせよ、行政の全般にわたって、総理官邸にいる「秘書官」「補佐官」「参与」などの肩書を持った人たちが、いわば跳梁跋扈《ちょうりょうばっこ》している状況があります。

**寺脇**　そのとおり。

そこで問題なのは、政治家の側用人が、自分のいいように政治を仕切っているということです。その意味では、『シン・ゴジラ』（庵野秀明監督、二〇一六年）は、日本が存亡の危機に立たされているというのに、それを官房副長官が仕切っているという、ダメな映画です。官房副長官なんて、それこそ側用人なんですね。

それに対して、二〇〇六年に公開された『日本沈没』(樋口真嗣監督)は、石坂浩二演じる総理が決断する話なんですよ。

日本列島の沈没が不可避となったとき、中国にも、韓国、北朝鮮にも日本国民を受け入れてもらって、少しでも多くの国民を救おうと、総理大臣自身が奮闘し、ならば日本の国宝を無償譲渡することを手土産に近隣国へ頼み込もうと決断、中国行きの飛行機に搭乗するんだけど、阿蘇山が噴火して飛行機はあえなく墜落、総理は死んでしまう。その遺志を継いだ政府が、国民を救うという筋立てです。

そういえば『シン・ゴジラ』って、安倍総理も好きなんだよね。

**前川**　事務次官会議には、三人の官房副長官がそろって出席することになっていますが、萩生田《はぎうだ》(光一)さんが、あの映画をぜひ観るようにとおっしゃったのを覚えています。

**寺脇**　ホントに『シン・ゴジラ』は、政府の意思決定の仕方を勘違いさせたという意味で罪深い映画なんですよ(笑)。

加計問題についていうと、安倍総理が「俺の意向だ」と明言すれば、みんな従わないといけない。でも安倍総理は、加計学園理事長と「お友達」だから、口が裂けてもそれは言えない。
行政がねじ曲げられたというのは、法律にのっとった適正な手続きが踏み破られて、行政決定が行われたということで、「最後は総理が決めてるわけだから、違法じゃない」と言う人もいるけど、いやいやそれも、内閣法によって規定されてるわけですよ。

**前川** 総理といえども、閣議決定に従うわけですからね。獣医学部の新設に関する四条件は閣議決定で決まったわけですし。

国家戦略特別区域法では、「国際競争力の強化や国際経済拠点の形成に資する事業」を実施しなければならないと書かれています。もちろんその条件を満たす獣医学部が本当にできるのなら、国家戦略特区にふさわしいと思うんですけどね。

加計学園が設置しようとしている獣医学部が、こうした特区法の趣旨や閣議決定の四条件にかなっているとは、到底思えません。文科省はちゃんと指摘していたんです。特区諮問会議ワーキング・グループの席上で、今治市が提案する獣医学部で取り組むことになっている教育・研究は、どれもこれも既存の大学ですでに行われていると指摘しています。

私は個人的には、京産大のほうは条件をクリアできる可能性があったと思います。京大iPS細胞研究所と連携するという強みがありましたからね。

**寺脇** この間、文部科学省に挙証責任があると、内閣府から指弾され通しだけど、閣議決定であるなら、挙証責任はすべての大臣にあるはずでしょう。

**前川**　そう思います。にもかかわらず、内閣府が勝手にそういうルールを定めて、そのルール通りに動かないから、文科省の負けだと批判したわけですね。まるで行司が自分の都合のいいようにルールを決めて、自分で相撲を取っているような話です。こんな内輪の理屈で説明しても、国民に対する説明責任は果たしたことにはなりません。

### †構造改革特区と株式会社立学校

**寺脇**　これまでの話で加計問題の根底に何があるのか、相当はっきりしたと思うんですね。行政をゆがめる要因の一つに、規制緩和至上主義があるわけです。

それで言うと、小泉政権のもとで構造改革特区を利用して作られた株式会社立学校にも問題が多い。

**前川**　おっしゃる通りで、いろんな弊害が表面化しています。

株式会社立学校は全国にいま二〇校以上ありますが、ほとんどは広域通信制高校です。これが、きわめて質が低いものが多いんですよ。

まったく勉強しなくても、授業料を納めていさえすれば高校を卒業できるので、飛びつく生徒はいますよね。親にしても、高校卒業資格くらい持たせてやりたいという理由で、高校を中退したわが子が改めて入る学校として選ぶことが少なくありません。ですから、たしかに需要はあるんです。需要があるから儲かります。

もちろん、れっきとした高校ですから、カリキュラムは一応あって、教材も用意されています。ですから、本当に勉強をすれば学力もそれなりにつくようになっていますが、実際にはほとんど勉強しなくても、単位が取れてしまうんですね。通信制ですから、スクーリングが必要ですが、それも非常に質が低い。きわめて安易に「高等学校の全課程の修了」を認めている。だから、卒業率がものすごく高いわけです。

ＮＨＫ学園という老舗の通信制高校がありますけど、ここは、きっちりと勉強しないと卒業できないので、簡単には卒業できないんですね。通信制高校の場合、四年で卒業できることになっていますが、ＮＨＫ学園の場合、卒業までに五、六年かかってしまうことも珍しくありません。結局、卒業できずに中退する人もいます。通信制高校は、毎日先生と顔を合わせることがないので、本人に学習意欲が相当ないと、なかなか続かないんですね。ＮＨＫ学園は勉強が大変だということで、生徒募集に苦労しています。通信制高校の生徒の総数は一八万人ほどで推移していて、減る気配はないんですが。

一般的に、全日制の高校を中退した子どもたちは、学習意欲がそれほど高くありません。そういう子が、株式会社立学校の通信制高校に入学すると、九八パーセントが卒業していたりする。一人ひとりの学習意欲をしっかりケアした結果なら、まったく問題ありませんが、そうじゃないわけです。まるで学力をつけることなく、高校の卒業証書をお金で売る「ディプロマ・ミル」と言われてもしかたないような学校が、株式会社立通信制高校には多いんです。

**寺脇**　あらゆる人のために学びの場を用意するのは何より大事なんだけど、そこで肝心の学びが行われていないのではお話にならない。

**前川**　なかでも問題化したのが、ウィッツ青山学園でした。三重県伊賀市（合併前の旧青山町）が構造改革特区の認定を受けて設置認可した株式会社立通信制高校です。二〇一五年から一六年にかけて様々な問題が発覚しました。

たとえば、ユニバーサル・スタジオ・ジャパンへの旅行でスクーリングをしたことにしていたり、学習の実態がない「幽霊生徒」を名前だけ入学させて県からの就学支援金を騙《だま》し取っていたり、ひどいものでした。二〇一六年度限りで廃校しました。伊賀市は誠実に後始末をしましたが、もうこりごりだと思ったんじゃないでしょうか。

ちょうど私が大臣官房長だったとき、株式会社立学校の特区評価が行われたんですね。二〇一二年のことです。株式会社立学校がうまくいっていれば、特区に限定しないで、全国に展開することにし、逆にうまくいっていなければ、特区制度を廃止することにする。

その、どっちに行くかを決める評価です。

もともと特区というのは、このように実験をする場なんですね。全国展開と廃止の中間に、「もう少しやりましょう」という選択肢もありますし、「是正措置を講じましょう」という場合もあります。

それで、実際に評価が行われたときには、いろんな問題がすでに噴出していましたから、文部科学省としては、その証拠集めに意を注いだわけです。最終的に文部科学省としては、株式会社立特区制度の廃止を求めることで方針が固まったんですね。

評価委員会でもしっかり議論をしてもらって、文部科学省がなぜ、廃止すべきだと考えるかの証拠もたくさん示して検討してもらったところ、評価委員会も、廃止する方向にかなり傾いていたんですね。

ちょうどその頃は民主党政権で、文科大臣は平野博文さんでした。平野さんも、廃止の線で行こうと言っていたのですが、地域活性化統合事務局長をしていた和泉洋人《ひろと》さんに、ひっくり返されてしまったんです。和泉さんは当時、構造改革特区の担当でしたが、もともと平野大臣と懇意の関係だったので、平野大臣は和泉さんに説得されてしまったんですね。最終的には制度の廃止にもっていくが、今は反対する人も多いので時間を置いたほうがいいという理屈でした。平野大臣もそれで納得されたわけです。それで文科省自身が、廃止という主張を取り下げてしまった。是正措置を講じた上で、当面、続けるという評価になったんですね。

それで内閣府も文部科学省も、「こういう点をしっかりやって下さい」という是正のための通知を出して改善を図っていたところ、ウィッツ青山学園のような問題が噴出してきたわけです。今度こそ、きっちりと特区制度の評価をして廃止にもっていくべきだと思っていたところで、私は辞めることになったんですが。

**寺脇**　和泉さんって、戦略特区の獣医学部設置に関して、前川さんに「総理は自分の口からは言えないから、私が代わって言う」って言った人だよね。[7]

**前川**　ええ。彼はね、幅広く政治家と付き合っていて、政治に深く食い込んでいる人なんですよ。国土交通省で住宅局長までやった人ですが、民主党政権になる前の自民党政権のときに、既に内閣官房にいたわけです。その時は、地域活性化統合事務局長をやっていました。

その後、民主党政権になったときにも引き続きそのポストにいて、二〇一二年に退官したあとは内閣官房参与として残った。さらに自民党政権に戻ったときに、総理補佐官になったんですね。二回の政権交代をとおして、一貫して政権中枢に生き残っている珍しい人物です。私は、加計学園問題のシナリオは彼が書いていたのだと思います。

それはともかく、市場にニーズがあるから、それに合わせて制度を作ればいいという考えは、このことからも、間違っているということが分かると思うんですね。勉強しなくても卒業できる高校なら行きたいという人は、たくさんいるわけです。だからニーズは確かにある。そのニーズに合わせて勉強しなくても卒業できる学校をつくったとして、質が保証されていなくても、それを高校教育と言うんですか、という話です。

**寺脇**　ウィッツ青山学園ですが、文部科学省を辞めてから私も現地に行き、生徒たちと話をしたことがあります。初代校長のことはよく知っていて、彼は学びの場をよいものにするために頑張っていたんですが、最後には経営側から排除されてしまった。それからですよ、おかしくなってしまったのは。

**前川**　株式会社立学校がすべてダメだとは思わないんです。

学校法人を設立するには、相当、資産を持っていなければなりません。それだけでなく、

7――前川氏によれば、二〇一六年九月、和泉氏に呼び出され、国家戦略特区における獣医学部設置の特例に関し、文部科学省は早く対応をするよう求められた。その際、和泉氏から、「このことは総理は自分の口からは言えないから、私が代わって言う」との発言があった。これに対し和泉氏は、七月二四日の閉会中審査で「記憶はございません」と否定。前川氏と和泉氏の証言内容は大きく食い違った。

土地も建物も自前でなければいけないという規制が、多くの都道府県でありますし、資金も、借金で調達してはならず、自己資金で用意しなければいけない。そうなると、相当の資産家でないと、学校法人なんて、作れないんですね。

こうした中で、志はあるけれど学校法人をつくるだけの資金力のない人が、特区の方法を用いて、株式会社として学校を始めるケースも、実際にあるわけです。

ただその場合も、学校運営が安定してきて、一定の資金力を持てるようになったら、学校法人に転換してもらったほうがいいと思います。

現に、株式会社立から学校法人に転換した学校もあります。そのほうが税制上の優遇措置が受けられるので永続性が生まれますし、なにより私学助成が受けられます。経営もさらに安定してくるわけです。私としては、株式会社立学校特区は廃止するかわりに、学校法人設立のハードルを下げたらいいと考えています。

## †国民のみなさんに、問いたいこと

**寺脇**　役人や役所が何のために存在しているのかというと、国民に対して「品質」を保証するためなんですね。

役人が学校制度を運営している以上、学校というのはまともなところだろうと、一定の信頼が置けるわけです。

つまり、子どもの学校選びのために仕事を何日も休んで、いちいち調べたりしなくても、学校教育法に規定された学校なら「品質」が保証されているから大丈夫なようになっているんですね。

医療にしてもそうで、病院というところへ行けば、一定以上の医療行為が受けられると、みんなが信頼しているわけです。もし規制をすべて取り払って、自由競争になってしまったら、患者には分からないよう医療の質を落として、金儲けに走る医者が出てくるかもしれない。

ですから、世の中にはそういう品質保証が必要なものと、それほどでもないものがあるわけです。教育とか医療は、一定の信頼を保証するための「岩盤」がしっかりしているからこそ、安心して子どもを学校に行かせたり、病院に通ったりできる。規制緩和論者の皆さんは、いつまでたっても、そのことが分からないようで、岩盤を突き破ったとか言って、喜んでいる。そんなこと言って、喜んでいる場合じゃないという話なんです。

八四年に福岡県教育委員会に出向したとき、誰も住んでいないような山奥に入っていくと、ポツンと集落があって、そこに学校があるわけです。校長室に行くと、明治何年に創立されたとか、それ以前は寺子屋だったとか、その学校の歴史が書いてあって、ああ、この地でも江戸時代に住民たちが、自分たちの力で教育をしようとしていたのか、僕らのやっていることは、こういうことなんだって、しみじみ思うわけです。

ちょうどその頃は、臨時教育審議会の審議が始まり、学習塾が学校になってもいいじゃないかとか、民間企業が学校を作ってもいいじゃないかといった議論が出始めた時期でした。それで思ったのは、じゃあ、この山奥の学校はどうなるんだ、ということなんですよ。山奥にある小さな学校でも、東京の真ん中にある学校でも、同じ水準の教育が受けられるというのが、大事なんじゃないか。

だから、内閣府の人たちのように、一にも二にも規制緩和という役人と、みんなが安心して暮らせるような土台を、しっかりメンテナンスしようとしている役人と、どちらが国民にとって必要な存在なのか。

ようするに、国民のみなさんは、調子のいいことは言わないけれど、志をもった役人がいいんですか、それとも、政治家に気に入られることで手柄を立てるような役人がいいんですか、という話なんです。

私や前川さんは、若い頃からずっと議論をしてきて、役人たるもの、こうあるべきという像をそれぞれ作って、それを貫こうとしてきたわけですよ。それがいいのか、それとも、出世街道をひた走って、官邸に言われたら何でもOKしちゃう某省の事務次官みたいなのがいいのかという話なんですよ。

**前川** いま、各府省で事務次官までやる人は、たいがいそういうタイプですよ（笑）。

**寺脇** たしかに文科省を見ても、前川さんのような人は、事務次官にはなっていないよね。

**前川** 私はどちらかというと、間違ってなってしまったところがあって。官邸の目をすり抜けて、なってしまった（笑）。そもそも、何であんな奴を事務次官にしたんだって、官邸サイドからは絶対、そう思われてるはずですよ。私を次官に任命したのは馳大臣ですが、馳さんには本当に申し訳なく思っています。

第5章

# 人間の、人間による、人間のための教育

## †人間の、人間による、人間のための仕事

**寺脇**　先ほど前川さんは、「知的障害のある人でも、その人にふさわしい高等教育が受けられるような、そういう仕組みがあってしかるべきだ」と言ったでしょう。きわめて重要なことなのに、別の話題になってしまって、議論を深められなかったから、改めてここで話をしてみたいと思うんです。

最初に言っておくと、知的障害のある子どものための高等教育の場をつくるという考えに、私も賛成なんですよ。

知的障害のある人は、より上級の学校になど行くわけがないという思い込みが、こういう発想を排除しているわけです。「いつでも、どこでも、誰でも学べる」というのが生涯学習の考え方ですが、それで言えば、障害があろうとなかろうと、そのための環境づくりは、やらなきゃいけないことなんです。

じつは私は、生涯学習を担当していた九〇年頃から「障害者の生涯学習」という考え方が必要だと思っていたんですね。ところが実際には、知的障害の場合には現在でも特別支援学校の幼稚部、小学部、中学部、高等部と来たその後は、せいぜい一部に高等部専攻科がある程度で、それらを卒業してから後となると、学べる場は、ほとんど何もないわけで

す。視覚、聴覚障害や肢体不自由、病弱の場合は高等教育機関への進学機会があるんですけどね。

それと、これはあらゆる障害に関してですが、いわゆる健常者には社会教育や生涯学習の場が、いろいろ用意されているのと同様に、障害者にも、そうした場をつくっていかなくてはいけないと思うのね。また、障害者が学校だけでなく地域の中で健常者と共に学んだり活動したりする場も必要です。

私が広島県の教育長をしていた九五年のことですが、この年から学校週五日制が月二回となるのを機に、障害児学校（現・特別支援学校）の子どもたちにも土曜日曜は地域で学ぶ場や健常者と共に活動する機会を整備しようという案が、担当の障害児教育室から出されました。もちろん私は大賛成です。そもそも学校週五日制は、子どもたちが学校だけでなく家庭や地域で学んだり活動したりする時間を作るために週末を使おうという発想でした。当然、障害のある子どもたちにも家庭や地域で過ごす時間があっていい。

当時広島県立の盲学校（現・特別支援学校）高等部とか聾学校（現・特別支援学校）高等部の場合、自宅から通うのが困難な生徒のために寮が整っていて、学校のない日も、そこで過ごせるようになっていたんです。ところが、土曜が休みになる月二回の土日は、家庭や地域で過ごしてもらうために、寮を閉めることにした。

そしたら、子どもたちが反対しているというので、代表して意見を言いたいという盲学校高等部の女子生徒と、公開の場で一対一の対話をすることになったんです。

「寮を閉めるなんてひどいです！」と訴えられたので、たしかに寮は閉めるけれど、じつはその代わりに予算措置をして、実家のある地域の人たちと一緒にいろんな活動ができる場やイベントを作るんだと説明しました。具体的にはスポーツやレクリエーション、文化活動といったものです。それまでほとんどなかったそうした場や機会を、これから整備していこうと考えているんだ、と。

学校が休みの土日も家に帰らず寮にいるよりは、家庭で過ごしたり、実家のある地域の人たちと学ぶ場で交流したりするほうが、この先のことを考えると意味があるんじゃないかと思ってのことなんですよ。というのも、盲学校にいられるのは一八歳までで、その後は、地域の中で健常者の中に交じって生きていくことになる。そういうわけで私たちは寮を閉めることにしようと思うんだけど、どうだろうか？と言いました。そうしたら彼女は、そういうわけだったんですか、それなら分かりました、と納得してくれました。

この話は視覚障害の場合ですが、とりわけ知的障害のある人の場合は、学校を卒業すると実家に帰って、その地域で暮らしていくことが多いと聞きます。健常者とともに地域の中で生きていくために、一緒に活動する経験を子どもの頃から重ねていくのは重要なことです。

それで言うと、さっき話題にした長崎県立五島海陽高校（七一ページ）には、敷地内の同じ校舎の中に、知的障害のある子のための長崎県立鶴南《かくなん》特別支援学校高等部の五島分校があるんです。こういうことができるんだね。はじめて知ったときは、びっくりした。公立高校の敷地内に特別支援学校の分校を置くというのは、学習障害対応の場合は少なくないようですが、かなり重度の知的障害対応では全国的にも珍しい試みだと、分校の先生方から聞きました。

授業は別なんだけど、学校行事で分校の生徒も参加可能なものは一緒にやるのだそうです。見ていて、両者が自然に共存している感じでした。

**前川**　特別支援学校の分教室はそれなりにありますが、分校というのは確かに珍しいですね。

**寺脇**　この分校があるのは長崎県の離島（五島列島福江島）で、ここに通ってくる子どもたちの大半は、この島に生まれ育って、この島でずっと一生を過ごすことになる子たちなんですよ。それなのにどうして長崎市にある鶴南特別支援学校へわざわざ行き寮生活をしなきゃいけないのか、だったら五島海陽高校に分校を置いて、そこに通えるようにすればいい、という話になったんですね。

福江島にはもう一つ、長崎県立五島高校という高校があるんですが、そちらは進学校で、卒業後は大学へ進学する子ばかりで、島に戻ってくるケースは少ない。それに対して、五島海陽高校は高校卒業後も島で仕事をするか、本土の大学や専門学校に進学しても卒業したら島に帰ってくるという子どもが多い。つまり五島海陽高校の生徒も五島分校の生徒も多くがこの島で一生を過ごすわけだから、同じところで学んだほうがいい。そう考えたんでしょう。

五島分校には小学部、中学部もあって、こちらは五島市立福江小学校に併設されています。長崎では壱岐《いき》市でも同じことが行われているようです。

ただ、こういう素晴らしい試みは一部にしかありません。知的障害者が地域の中で健常者とともに生きていくための学びの場は、学校にも地域にもまだまだ足りない。ましてや、前川さんの提案する「知的障害のある人でも、その人にふさわしい高等教育が受けられるような仕組み」は全国的に見てまったくといっていいほど用意されていないのが現実です。

この問題を考えていくと、学びの場を失ってしまう人の多くが、知的障害のある場合なんですね。そうした人たちの特別支援学校卒業後の支援は、これまで厚生労働省が行ってきた。知的障害者授産施設とか作業所がそういう場所なんだけど、文科省も、すでに〝鎖国〟を解いたわけだから、単独でやろうとしないで、厚労省ともっと共同でプロジェクトを進めるべきなんですよ。福祉と教育の相互乗り入れというかたちで取り組まないかぎり、これ以上のことはあまりできないんじゃないでしょうか。

たぶん、厚生労働省の中にも、連携する必要を感じている人たちはいるはずです。特別支援学校高等部を卒業した子たちは、今もその多くが授産施設とか作業所へ行くことになるわけです。そのとき、厚労省、文科省それぞれのプロジェクトをうまく組み合わせて、学びのかさ上げを図っていけばいいんじゃないかな。

**前川** 教育、福祉、就労、それぞれが相互乗り入れをしながらやっていくのが一番いいんでしょうね。

**寺脇** 〇一年の省庁再編は数合わせの見せかけの行政改革であって私は全く評価しないんだけど、政治主導で押し切られた。でも、それをどうしてもやらないといけないなら、やっぱり、厚生と労働と文部が一緒になって、「国民生活省」を立ち上げるべきだったと思うな。生涯学習の考え方からすると、それが一番いいと思うんだよね。あの省庁再編のときにも一時その案があったんだけどなあ。

**前川** 分野によっては人的交流が相当、広がってきています。少なくとも厚生労働省と文部科学省は隣接分野が多いので、もっとドラスティックに人事交流をする必要があると思うんですね。

**寺脇** 国民が生まれてから死ぬまでを考えたら、教育、福祉、就労の三つで、大体カバーできるんだよね。

**前川** いずれも、人間を相手にする役所ですね。

**寺脇** そう、前川さんが宮城県時代に標語にした「人間の、人間による、人間のための行政」(四三ページ)をするところなんだよね。

## †「新しい公共」という考え方

**寺脇** 二〇〇九年秋に鳩山由紀夫内閣がスタートして、翌年一月の施政方針演説で、鳩山さんは「官が独占してきた領域を公に開き、新しい公共の担い手を拡大する」と宣言しました。この「新しい公共」という考え方が示されたとき、すっかり共感したんですね。と同時に、ふと、明治生まれの祖母のことを思い出したりもしました。茨城県の大地主の娘だった祖母は、「昔は、貧乏な小作人の子どもたちを大学へ行かせるのは、地主の務めだった」とよく言っていました。

祖母が東京の女子大に通っていた頃、東京にも家があって、そこには書生さんが何人もいて、曾祖父が、その人たちを大学に行かせていたらしいんですよ。

**前川** 昔は、そういう篤志家がたくさんいたんですよね。

**寺脇**　前川さんのお祖父さんも、その一人だよね。学生たちのために寮を作って、住まわせていた。

そういった篤志家たちの、ことさら構えたりせず、できる範囲で人助けをしようとする作法を、民主党政権の「新しい公共」は、この時代にマッチしたやり方で再興しようとしているように思えて、共感したんです。

**前川**　「新しい公共」というのは、本当に大事な考え方だと思います。

お上から与えられるものではなく、民の中で作っていく公共。それこそが、本来の意味での公共だと思うんですね。

かつて地縁社会では、田植えとか屋根の葺《ふ》き替えといった、一人でやるには労力のいることを住人総出で手伝ったりする結《ゆい》とか、一定の掛け金を仲間同士で出し合うことでお金をためていき、くじとか入札でそのお金を誰に融資するかを決め、それが仲間全員に行き渡るまで行う頼母子講《たのもしこう》といった、相互扶助の仕組みがそれなりに機能していました。

ところが、近代化が進む中で地縁も崩れていき、いま、まさに、人と人とがつながるための公共が必要とされています。ですが、これが難しいんですね。

高度経済成長期には、多くの若者が仕事を求めて地方の農山村から都会へと出ていきましたが、都会暮らしを始めた彼ら彼女らは、地縁・血縁から切り離されてしまい、バラバラな存在になってしまった。そんなかれらの受け皿になったのが、創価学会に代表される新宗教でした。だから、創価学会をはじめ、多くの新宗教は都市部でどんどん教勢を拡大したわけです。人と人がつながる場を提供したんですね。

ならば今、そうした新宗教のようなものが、「新しい公共」の担い手になり得るかというと、それも難しいと思うんです。「うち」と「そと」ができてしまい、すべての人にオープンではないですからね。

**寺脇** そうなんだよね。

それで言うと、先日、愛知県長久手《ながくて》市の吉田一平市長とお話しする機会があって、意気投合したんだけど、吉田市長のこの名刺、どう?

**前川** 「自然も雑木林も子どももお年寄りも」と印刷されてますね。「生きとし生けるものがつながって暮らす」とも。

**寺脇** もともとお父さんが長久手町の町長で、ご本人は、高校卒業後に独立系商社に就職、十数年後に体を悪くして退職してから、幼稚園、託児所、ケアハウス、グループホームなどを開設してきたのね。

で、長久手市では、長久手方式といって、保育園に入れない子どもの見守りを地域の高齢者がボランティアでやったり、空家、空き室をそのために利用したりしている。幼稚園ならこうすべきとか、保育園ならこうすべきといった、硬直したところが全くない。こんなふうにして、自分たちの地域を維持していこうとしているわけです。

人口六万人弱の長久手市でのこうした実践は、まさに「新しい公共」と言い得るんじゃないでしょうか。

**前川**　それはいいですね。まさに市場経済と逆のベクトルです。

「お金をもらわなければ何もしない」のではなく、この人のためにこれこれがしたいという自発的な思いから、お互いが結びついていく。その行為によって相手に喜ばれると、それが、その人にとっての喜びともなる。そういった相互作用が続いていく。

それによってGDPが高まるわけではないけれど、GDPには反映されない幸福というものがあると思うんですね。かつての地縁社会には、そうしたものが色々とあったわけで、長久手市の話はそれを再構築する試みの一つだと思いました。

**寺脇**　国家戦略特区諮問会議の民間議員のみなさんには、理解できない発想だよね、これは。

GDPを高めないといけないとか、経済成長しないといけないとか、そんなことを、これから、一〇年後、二〇年後、さらには八〇年あまり後の二二世紀までも生きていく子どもたちに刷り込む必要が、一体どれだけあるのか。未来へ向けて「新しい公共」が模索されるべき時代に、彼らのような経済一辺倒の発想が横行していること自体、とんでもない話だと思うんですよ。

**前川**　マーケットとパブリックのバランスが崩れているような気がするんですね。

マーケットが、パブリックな領域を侵食しちゃっている。こうした中で、かつて地域の人が手を差し伸べ合って、屋根の葺き替えをした結のような考え方が、都市生活者の中に再構築されないといけないと思うんですね。

GDPが伸びさえすればいいのであれば、何でも売り買いの対象にすればいいわけです。子育てにしても、それにかかった費用と手間賃を子育て代として子どもから取ることにして、子どもが親に対して負う借金としてカウントする。大人になったら、その分を、きっちり返済してもらう。それによってGDPが発生するわけですが、そんなこと、われわれはしませんよね。

たとえばNPOという存在が、われわれの間をつないでくれています。NPOというのは、ノンプロフィット・オーガニゼーションの略です。つまり、プロフィット（利益）を目的としないから、利潤最大化という原理ははたらかない。そこでのやり取りが、お互いを豊かにしていくと思うんですね。

## †隠岐島前の奇跡

**前川**　「新しい公共」に関連して言うと、このところ、学校の地域性というものが見直されるようになっています。

小中学校だけでなく県立高校も、地域との密接なつながりがあるわけですが、最近、市町村がそこに立地する高校を応援するケースが非常に増えてきました。

その走りの一つが、島根半島の沖合約六〇キロの隠岐《おき》諸島に位置する海士町《あまちょう》です。二千数百人が暮らすこの町には島根県立隠岐島前《どうぜん》高校があるんですが、一時期、新入生が二十数人というところまで落ち込んでしまったんですね。

廃校が危ぶまれる中で、「島前高校魅力化プロジェクト」が立ち上げられ、島前三町村（海士町、西ノ島町、知夫村《ちぶ》）が力を合わせて、隠岐國学習センターという公立の塾を作ったり、島内外にこの高校の魅力をアピールしたり、他県からの「島留学」を受け入れる体制を整えたりして立て直しを図ったところ、それがうまくいったんです。

今では一学年二クラスあって、すべて埋まっています。島留学の生徒のために寮も用意されているんです。

**寺脇**　「隠岐島前の奇跡」って言われているんだよね。

じつは地方の子どもって、小学生のころから、高校を卒業したらどうするか、彼らなりにずっと考えているんですよ。

自分はこの島、この町に残って暮らしていくのか、それともいったん外に出て学んだり働いたりして、その後で戻ってくるのか、そうでなければ、いちど出たきり、あとは戻ってこないのか。この三択なんですね。実際、地元の高校を卒業するときには、大半が自分の進路を、この三つの中から決めるわけです。

ところが東京の子どもたちって、そういう選択肢が頭の中になくて、なんとなく自分はずっと東京にいるものだと思い込んでいる。そういう大都市圏の子どもが、島前のような高校で学び、暮らす機会は、日本の未来にとっても大事なことだと思うんですよ。

だって、だれも人が住まなくなってしまったら、その地域は荒れ果てるばかりで、歴史も途絶えてしまうんですよ。風土を失うといってもいい。

経済効率だけ考えていれば、「消滅可能性都市」[1]は滅びるに任せて、残りはコンパクトシティにすればいいのかもしれない。だけど、そうじゃないわけです。

そのためにも、高校をその地域のコアにすることが大事なんです。高校というのは、子どもたちが社会へ出ていくときの〝滑走路〟なんですよ。だから、隠岐島前高校のような試みは、ほんとうは国を挙げて応援すべきなんです。

すね。

**前川**　高校を核にした地域の活性化ですね。国の政策課題として正面から取り組むべきですね。

それで言うと、大阪から隠岐島前高校に来ている男子生徒の話は興味深かった。高校を卒業したら、いったん関西の大学に行って、関西で就職するかもしれないけれど、最後はこの島に戻ってきたいというんですね。UターンでもIターンでもないSターンあるいはZターンとでもいうべき、新しいパターンが生まれているわけです。

考えてみれば、学校そのものが、若者たちにとってコミュニティの一つですし、そこで培われた人間関係は、卒業後も続きます。つまり学校は、地域コミュニティの核をなす存在でもある。ですから、その地域から学校が消えるということは、コミュニティの危機でもあると思うんです。

福島の原発事故によって、多くの住民が他の地域へ避難し、被災地の小学校、中学校、高校は、生徒数を大幅に減らしながらも避難先の仮住まいなどで頑張ってきました。震災

1――二〇一四年五月、民間研究機関「日本創生会議」は、二〇四〇年までに全国八九六の自治体で二〇～三九歳の女性が五割以下に減少し、介護保険や医療保険などの社会保障の維持が困難な状況に陥り、雇用も確保しづらい「消滅可能性都市」になると指摘し、論議を呼んだ。

から六年がたち、帰還が可能になった地域では何とか自分たちの学校を地元で再開しようとしています。もちろん、徹底した除染作業など行い、放射線に対する安全と安心を十分確保する必要があるのですが、学校の復活なくして地域の復活はあり得ないと思います。

**寺脇**　それで言うと、福島県双葉郡に五つあった県立高校は、震災後、県内各地のサテライト校で授業を行って、何とか頑張ってきたんだけど、元の校舎での授業再開のめどが立たなくて、結局、二〇一五年から生徒の募集をストップしています。

こうした中で、それに代わるかたちで同じ年に双葉郡に設立されたのが、福島県立ふたば未来学園高校という、総合学科の中高一貫校。著名人が講師に来たり、生徒たちが世界各地へ行ったりの華やかな存在です。これはこれで素晴らしいし、いいと思うのね。

でも、それとは別に、全村が汚染されて、二〇一六年にようやく全域の避難指示が解除された川内村《かわうちむら》では、何とか地域コミュニティを再興させたいということで地道な活動が始まっています。いまだに半分以上の村民が他の地域へ避難したままらしいんですね。避難している子どもたちが土日とか夏休み、春休みに、生まれ育った故郷に戻ってきたときに、かれらと、すでに村に戻っている子どもたちや住民とが一緒になって、地域でのさまざまな活動を行っているんですよ。「コミュニティ未来プロジェクト協議会」というのを作り、そこが中心になって、いつか全員が地元に戻ってくる日のために、そうやって地道な活動をしているわけです。

また、島根県の県立津和野高校って津和野町で唯一の高校なんだけど、町外の高校に進学する子どもが増えたために入学者が減って、存亡の危機に陥ったのね。そこで町が「HAN-KOH」（森鷗外も通った津和野藩の「藩校」を意識したネーミング）という公営の塾を設置して、中高校生の学習支援をして地元に残ってもらおうと努力しているんですね。

津和野高校など地元の中高生なら無料で通える塾で、運営スタッフとして働いているのは、地域おこし協力隊として都会からやってきた若者たち。そこに地元の中高校生が、学校の授業が終わってから、やってくるわけです。そうする中で、この塾に学びに来る子どもたちの中に、自分たちは津和野という町の子どもだという意識が芽生えてくるんですね。

こんなふうにして、地方では高校が核となって、新たなコミュニティづくりが始まっているわけです。なのに、どうして文部科学省は、学校を地域コミュニティの核とすることで二〇四〇年になっても市町村が消滅しないというプランを、地方創生本部（まち・ひと・しごと創生本部）に対して提案できないんだ！

いや、平成になって入省した平成世代の文部官僚諸君は、教育や文化の観点がないと地域はもたないと主張して、頑張っていることは承知しています。なのに省全体の提案として出てこない。

ようするに、これからの地域コミュニティなり「新しい公共」なりを考えるには、文部科学省は旧態依然たる〝鎖国〟的思考のままじゃダメなんですよ。

**前川**　それには、県の教育委員会の問題も絡んでくるところがあるんですよね。県立高校のことを、県の教育委員会の出先機関のように思っているところがあって、「高校は地域のもの」という意識が、まだまだ希薄なんです。

## †いじめ自殺事件と、教育委員会の隠蔽体質

**寺脇**　それで言うと前川さんは、初中局の局長になってから、教育委員会の改革にも関わったわけですよね。きっかけは、何だったんですか。

**前川**　直接のきっかけは、滋賀県大津市で起きた、いじめによる中学生の自殺事件です。

今でも教育委員会が、いじめはなかったと早々と断定するとか、調査を拒むといった隠蔽体質が問題になることがありますが、あのときの大津市教育委員会の対応の仕方は、本当にひどかった。[2]

**寺脇**　「あったものを、なかったことにはできない」という話なわけだよね。

**前川**　ええ。残念なことに、そういうケースが多いんですよ。

大津の場合も、市の教育委員会が「いじめはなかった」との判断を示したため、遺族か

らも不信感を持たれていたんですね。それで、大津市の市長が独自に調査委員会を作って調べたところ真相が公になり、社会問題化したわけです。それが二〇一二年の秋ごろでした。

同じ年の暮れに安倍内閣が発足し、下村さんが文科大臣になって、翌年一月に教育再生実行会議[3]がスタートし、そこで最初に取り上げられたのが、いじめと、教育委員会制度だったんです。両方とも、大津のいじめ自殺事件が、直接のきっかけとなっています。

それで、いじめに関しては、馳浩さんが中心になって、議員立法でいじめ防止対策推進法[4]を作りました。これによって、いじめ問題については、担任も、学校も、教育委員会も、それぞれ抱え込んだりせず、きちんと情報共有を図り、全体が責任を持つようにしたんですね。

その際、市町村長にも報告が行くようにし、市長村長は自ら教育委員会を調べることが

2——二〇一一年一〇月、滋賀県大津市内の中学校二年生の男子生徒が、いじめを苦に自殺。男子生徒が通っていた中学校と、大津市の教育委員会の隠蔽体質が浮かび上がり、社会問題化した。この事件がきっかけとなり、翌一二年には、いじめ防止対策推進法が国会で可決成立した。

3——第二次安倍内閣の下で設置された、教育に関し提言を行う諮問機関。

4——二〇一三年六月、与野党の議員立法による国会で可決成立し、同年九月から施行。

できるようにすることで、いじめ問題とは自治体全体で取り組むべきものだと、はっきりさせたわけです。

一方、教育委員会について、教育再生実行会議で議論になったのは、そもそも教育委員長も教育長も、きちんと責任を持てる体制になっていないのではないか、ならば選挙で選ばれた各自治体の首長の権限をもっと強めるべきではないか、ということでした。

世の中ではあまり知られていませんが、教育委員長というのは非常勤で、月に一、二度開かれる会議の司会進行を務める立場でしかなく、日々の教育行政について、説明責任を果たすことはできないんですね。

じゃあ、教育長はどうかというと、こちらは教育委員を構成するメンバーの一人で、事務執行の責任者ではあるものの、意思決定は合議制で行いますから、「いや私は、教育委員会の決定に従っているだけです」と、言い逃れができてしまうんですね。

教育再生実行会議のメンバーは、はっきり言って偏っていますから、教育委員会の存在意義を認めない方向で議論は進み、抜本的な見直しをするという線で固まっていきました。

**寺脇** 教育再生実行会議というのは、閣議決定で設置されたものだから、首相がいくらでも自分好みの人を入れられるわけだ。

教育再生実行会議にしても、その前の教育再生会議にしても、安倍政権が設置したこの諮問機関の委員の顔ぶれを見たら、結論ありきなのが見え見えだよね。

ついでに聞いておきますが、櫻井よしこさんが、中教審の委員を何期かやりましたよね。やっぱり、櫻井さんらしいご発言がいろいろとありましたか？

**前川**　ええ、ありました。的を射たご発言もありましたが、教育に関しては基本的に、かなり復古的な考えをお持ちであることはご承知のとおりです。

**寺脇**　でも前川さんたちは、その中教審を使って、教育再生実行会議の現実離れしている部分を修正していったわけでしょう。

### †教育委員会の改革

**前川**　はい、もう少しバランスのとれた考え方にしようと、修正を図りました。教育再生実行会議の提言を受けて、改めて中央教育審議会に諮ったんですね。

ただ、中教審の中でも意見が割れてしまったんですね。首長の権限をうんと強化して、基本的には教育委員会という独立した執行機関は廃止するという考え方と、教育委員会は残すけれども、その中での責任関係をはっきりさせるという考え方の二つに分かれまして、結局、両論併記の答申になってしまいました。

そのあとは答申にもとづいて法律をどう変えるかという段になるわけですが、内閣が提出するものなので、文部科学省がその法案を用意しなくてはなりません。当然のことながら、与党が「うん」と首を縦に振る内容でないといけない。

ただ、この件については、与党内でも意見が割れていて、公明党のほうは、基本的に教育委員会は残すべきだという考えでした。

かたや自民党のほうは、教育委員会なんて、もはや虫の息なんだから廃止して構わないという人たちと、首長に強い権限をもたせるのは危険だから、教育行政の責任を教育委員会が持てるような体制にすべきだという人たちに分かれていた。

最終的にどうなったかというと、公明党と、自民党の教育委員会存続派が手を結んで多数派を形成し、教育委員会制度は残すことになったんです。

その代わり、委員長というポストは廃止して、教育長に権限を一元化し、教育委員会の中の責任関係をより明確なものにしたんですね。

**寺脇** 前川さんとしてはどうだったの？

**前川** 私の個人的な意見は、行財政的な面では首長の権限を強めると同時に、教育課程編成、教科書採択、教職員人事など教育内容や教育実践にかかわる権限は教育委員会に必ず残す、というものでした。というのも、教育委員会という合議制による機関は、政治権力がストレートに教育現場に及ばないようにするための、絶対必要な仕掛けなんですね。

将来的には、学区ごとに地域教育委員会があって、それぞれの学区内の学校と教育を一体的に見ていくような、地域の自治的な仕組みになるといいなと思っています。コミュニティスクールを発展させていけば、こうしたかたちになり得るはずですが、もちろん一足飛びにはいかないでしょうね。

**寺脇**　ちょうど同じ頃に、私は民間の立場から、教育委員会は残すべきだと主張してたね。どうしてかと言うと、批判して廃止論を叫ぶ政治家たちが教育委員会制度のほんとうの意味を理解していないと思ったからなんです。

これには私自身の体験があります。一九八四年から八六年にかけて福岡県の教育委員会に出向していたときの県教育長、友野隆という方が立派な人で、当時は制度としてあった市町村の教育長を新たに任命承認するための面接の席で、「市町村の教育委員会は、県の下請け機関じゃないからね」と言うわけですよ。県教育委員会というのは市町村教育委員会を助けるために存在しているといった、教育委員会制度の説明をしてあげるわけ。

それから当時、現職の自民党知事が知事選で、共産党・社会党の統一候補に負けちゃって、教職員組合が、われわれの大勝利だ、福岡県の教育行政は今後、自分たちの思うがままにできると言い出したんですね。そのときに立ちはだかったのが、福岡県教育委員会でした。

誰が知事になろうと、その知事の所属政党がどこであろうと、法にもとづいて、きちんとやっていくんだと、きっぱり宣言したんです。教育委員会の独立性を打ち出して、一歩も引かなかった。

ですから、たしかに教育委員会が形骸化していたり、あぐらをかいていたりするケースがあったとしても、それは教育委員会制度の本質を見失っているからであって、廃止するしないという議論をする前に、本来のあり方に立ち返った上で、きちんとやってみさせてほしいという思いで「教育委員会を残すべき」と言ったんですね。

じつはこの話は、昨今の加計学園問題ともリンクしています。民主主義の話になるんですが、いくら選挙で選ばれようが、それで絶対的な権力が与えられるわけじゃないんです。立法のほか司法と行政があって、三権分立が守られているわけですよ。

自治体においても、首長あるいは県会議員といった、選挙で選ばれた人たちがいて、その人たちには一定の権限があるわけだけど、それとは別に、教育委員会という独立した行政機関があって、専門的な立場から判断していく。

それは加計学園問題でも同じで、「総理のご意向」がどうであれ、これまで文科省や農水省は、専門的な判断にもとづいて、獣医学部の新設は必要ないと判断してきたわけでしょう。だからこそ、民主主義が成り立っている。いまのアメリカだって、トランプ大統領がめちゃくちゃなことを言っても、司法と行政が、トランプの暴走を抑えているわけじゃないですか。

橋下徹大阪府知事が誕生したとき、「自分は選挙で選ばれたんだから、お前ら黙れ」と言わんばかりの言動が続いて、これは危ないという思いがあった。いまは国政のほうが危うくなってきている。加計学園の獣医学部だって、前川さんが立ち上がらなければ、文部科学省の大学設置審も「総理のご意向」を忖度してしまって、認めざるを得ないという話になりかねないわけです。

**前川**　教育委員会というのは執行機関で、行政の責任ある機関なんです。ですから、一定の独立性が担保されています。

それに対して文部科学省の場合、それがありません。政治権力が行政にストレートに介入してこないよう、かろうじて緩衝地帯となってくれるのが審議会です。ただそれも、裁量権のある大臣の良識次第というところがあって、審議会メンバーが〝お友達〟で揃えられてしまったら、どうにもなりません。

教育委員会について言うと、委員の任期が一年ずつずれていますから、顔ぶれががらっと変わって、全員が「お友達」ということにはならないんですね（笑）。

教育委員会制度の活性化という観点からいえば、現行制度上、委員の人数は条例で何人でも増やすことができるんです。だから、法律で定められた五人とか六人とかではなく、それぞれの自治体の判断で、たとえば一〇人とか一五人とかに増やしてもいいんじゃないかと思いますね。そのほうが多様な民意をもっと反映させられるようになると思いますよ。

**寺脇**　その意味で言えば、教育委員会制度を廃止するどころか、国レベルでも「国家公安委員会」みたいに「国家教育委員会」を作ってもいいくらいだ、と私は思います。

### ✝究極のインクルーシブ学校

**寺脇**　「みんなの学校」（関西テレビ放送、二〇一四年）という、大阪市立南住吉大空《おおぞら》小学校（現・大阪市立大空小学校）を舞台にしたドキュメンタリー作品があって、これが本当にすばらしいのね。

**前川**　映画にしたものもありますよね。文科省で上映会があって、私もこの作品を観ました。そのときは、この学校の開設以来の校長で、この映画にも出ている木村泰子先生が文科省へおいでになって、スピーチもしてくれました。上映会のあと、木村先生と文科省の面々とで飲み会をやって楽しかった。私自身は、その前にも木村先生にはお会いしてるんです。融合研（学校と地域の融合教育研究会）の研究会が大空小学校で開かれたときに、秋津コミュニティ《う》の岸裕司さんに誘われて参加したことがあったので。

**寺脇**　このドキュメンタリーを観たとき、この小学校では学習者本位が貫かれているだけじゃなく、地域と学校が一丸となって子どもたちの教育に取り組んでいて、理想の学校だなと思った。

**前川**　どんな子どもでも、この学校は受け入れるんですよね。いろんな問題を引き起こした子どもたちが、流れ流れてこの学校にたどり着く。大空小学校に転校したいという子は、みんな受け入れちゃう。

幼少期の黒柳徹子さんが小学校を退学になって、トモヱ学園に引き取ってもらった話が『窓ぎわのトットちゃん』という本に書かれていますが、そんな感じです。

**寺脇**　それが、大阪市立なんだよ。〇六年に開校し、初代の木村泰子校長が信念を貫き通した。新自由主義、効率主義のあの橋下市政の時代にも方針を曲げなかった。

**前川**　大阪市教育委員会からも、好き勝手なことをしていると、にらまれ続けたはずです。

5——「自助、共助、最後に公助のまち育て！」を基本理念とし、千葉県習志野市秋津小学校区に居住・勤務する人を対象に、趣味・スポーツ・文化活動といった生涯学習が継続的に行えるよう支援する任意団体。地域の諸団体から構成され、前身「秋津地域生涯学習連絡協議会」は一九九二年に発足。九五年に「秋津コミュニティ」に改称。岸裕司氏は同会の前会長、現顧問。

そんな状況でよくやってきたと、本当に感心します。いわば解放区みたいなものです。

**寺脇** それだけでなく、大空小学校が素晴らしいのは、子どもが学校から逃げ出したりすると、地域のおじさんとかが、一生懸命探しに行ってくれるわけです。地域全体で育てているんですよ。

**前川** しかも、そうやっていろんな大人と接する中で、子どもたちが成長していく。『みんなの学校』というドキュメンタリーでは、その成長の過程が浮かび上がってくるんですよね。

大人はどうせ自分の言うことを理解してくれないと思い込んでいる子どもが、そうじゃないということに少しずつ気づいていき、それでもつい反抗して暴れてしまった後、反省して謝りにいくといった、いいシーンがいくつもあるんですよ。

徹底して一人ひとりを大切にするという考え方でこの学校は運営されていて、本当にそれが徹底しているんです。

子どもたちに守ってもらうルールは、一つだけ。「自分がされて嫌なことは人にしない、言わない」これだけです。

なかにはADHDや自閉症など発達障のある子もいるし、転校前の学校で不登校だった子や乱暴者で学校の手に負えなかった子など、いろんな子がいるわけです。その一人ひとりと、しっかりと向き合っている姿が、このドキュメンタリーに映し出されています。

**寺脇**　もちろん普通の子もいっぱいいるわけ。他の学校だったら、そういう子の親から、ウチの子が割を食ってるとかなんとか文句が出そうなものだけど、そういうこともない。

**前川**　ADHDの子もいますから、授業中でも教室の中を歩き回ったりして、結構騒がしいわけです。そんな中でも、子どもたちは集中して勉強しているんですね。木村（泰子）校長先生が言うには、「こういう環境やから、集中できる子になるねん」と。

**寺脇**　「ゆとり教育」が根拠もなく批判されて、えらい目にあったとき、批判のポイントは二つあって、一つは学力が低下するんじゃないかというもので、もう一つが、学級が崩壊するというものでした。

「授業中に生徒が立ち歩いても、先生は注意もしないそうじゃないですか」って、よく言われました。そうじゃないんですよ。その多くが、発達障害の子どもたちだったんですね。今では文科省も、発達障害の子どもがいるということを明確に認めています。一クラスに何人かはいる計算で、補助教員をつけるということも行われるようになりました。

**前川**　当時はまだ発達障害という言葉も、あまり知られていませんでした。

**寺脇**　二〇一〇年代に入って、ようやく認知されるようになったんですよ。

それで言うと、大空小学校は、究極のインクルーシブ学校（どんな子でも受け入れる学校のこと）なんだよね。

**前川**　本当に究極のインクルーシブなんですよ。それが成り立つということを実証している学校なんです。

**寺脇**　当時の下村文科大臣がこの映画を観て感銘を受け、木村先生とも面談した。すばらしい学校だと大臣が評価してくれたのはいいんだけど、「でも全部の学校がこうなるのはちょっと……」というニュアンスの発言があったと聞きました。そうじゃない。全部の学校がこうなれば、すべての子どもが自分の居場所を持ち、学びに打ち込むことができる。これこそ、これからの時代の学校の、あるべき姿だと思うんです。

最終章

# 読者のみなさんへ

# 公務員である前に

前川喜平

## 行政改革と教育改革

私が文部省に入省したのは一九七九年。時の総理は大平正芳氏、文部大臣は内藤誉三郎《たかさぶろう》氏だった。内藤大臣は文部官僚の出身だった。初等中等教育局財務課長として地方自治庁との困難な折衝を経て、戦後の義務教育費国庫負担制度の再構築を成し遂げた人だ。その約五〇年後、私はその遠い後輩として同じ財務課長の職に就き、地方分権の名の下に破壊されかけた義務教育費国庫負担制度を堅持するため力を尽くすことになる。国庫負担制度は義務教育の機会均等を保障する基盤となる制度だ。内藤氏をはじめとする先人たちが苦労を重ねて構築してきたこの制度を、自分たちの責任で崩壊させることがあってはならないと思った。既得権益だ、省益だ、守旧派だ、などと散々な言葉を浴びせられたが、文部官僚の責任として守り抜かなければならない制度だと確信していた。

思えば、私の文部官僚としての三八年は、行政改革と教育改革の連続であった。

第二次臨時行政調査会（臨調）が設置されたのが一九八一年。以来、規制緩和（市場化・民営化）と地方分権を二つの柱とする行政改革は、常に教育行政に対しても様々な課題を突きつけてきた。外圧としてもたらされる改革要求に対し、我々は時に積極的に対応し、時に否応なく屈服し、時に激しく抵抗してきた。

臨時教育審議会（臨教審）が設置されたのが一九八四年。臨教審が打ち出した「個性重視の原則」「生涯学習体系への移行」「国際化、情報化などの変化への対応」の三つの理念は、今も教育改革の重要な柱である。自分の頭で考え行動する自由で自立した個人を育てること。他者と協働して平和で豊かな社会を形成する力を育むこと。未知のものに挑戦し、新たな時代を創造する人間を育てること。そのために、「学んだ知識の量」ではなく「自ら学ぶ力」としての学力を育み、学習者の主体性を尊重して、いつでも、どこでも学べる環境や学び直せる機会を整備すること。そうしたことが、教育改革の目標になった。時に政治の世界から復古的・国家主義的な「改革」を迫られることもあったが、この三〇年間の教育改革はおおむね、臨教審の改革理念を基調としつつ、文部省・文部科学省の主体的な取り組みにより進んできたといえる。

行政改革と教育改革の方向性は、時に背反し、時に一致した。

義務教育費国庫負担制度の廃止を迫った「三位一体の改革」とそれへの抵抗、構造改革特区制度による株式会社立学校制度の導入とその失敗などは、「背反」の例である。

しかし、行政改革と教育改革の方向性が一致した場合も多かったのである。規制緩和と地方分権は、教育の領域においては、教育現場の自由度を高め、多様な創意工夫を促す効果を持つ。一方、学習者の主体的な学びを実現しようとする教育改革も、必然的に現場の自由度や多様性の拡大を志向するものだった。だから、一つの改革が行政改革でもあり教育改革でもあるということは、何ら不思議なことではない。

たとえば、平成時代初頭に集中的に行われた高等学校教育改革は、従来の制度に対する規制緩和だった。学年制を取り払い、単位の累積により卒業できるようにした単位制高校制度は一九八八（昭和六三）年に定時制・通信制に導入され、一九九三（平成五）年には全日制に広げられた。普通科・専門学科の区別を取り払い、幅広い選択を可能にする総合学科は一九九四（平成六）年に制度化された。また、学校外での学修を単位認定できるようにする制度は、一九九三（平成五）年に他の高校・専修学校での学修や英語検定などの技能審査の成果について認められ、一九九八（平成一〇）年には大学・専門学校での学修やインターンシップ、ボランティア活動などに広げられた。

大学で教職課程を取らなかった人でも教師になれる特別免許状制度と特別非常勤講師制

度は、一九八八（昭和六三）年に設けられたが、これも規制緩和である。

教育課程に関する規制緩和としては、二〇〇三（平成一五）年から構造改革特別区域研究開発学校として学習指導要領によらない教育課程を編成できるようになった。この特区制度は、二〇〇八（平成二〇）年には全国化されて教育課程特例校制度となって定着している。東京都品川区の小中学校における「市民科」はその一例だ。

不登校の子供たちのためには、さらに柔軟な教育課程の編成ができるようになっている。二〇〇二（平成一四）年に構造改革特区で可能になり、翌二〇〇五（平成一七）年には早くも全国制度化されている。

教育行政における地方分権改革で最も大きなものは、教育長任命承認制の廃止であろう。それは一九九九（平成一一）年の法律改正で行われた。従前、都道府県の教育長を任命する際には文部大臣の承認が、市町村の教育長を任命する際には都道府県教育委員会の承認が必要だとしていた制度を廃止したのである。

寺脇さんとの対談でも触れた義務教育費国庫負担制度における「総額裁量制」も、二〇〇四（平成一六）年に法律改正で行った地方分権改革である。

市町村費負担教職員制度も分権改革の所産である。にわかに信じがたいことかもしれないが、かつて市町村が自らの財政負担で市町村立小中学校の常勤の教員を任用することは法律で禁じられていた。市町村は小中学校の設置者であり、その教職員の服務監督を行うのであるが、教職員の給与負担と任命権は都道府県が独占していたのである（県費負担教職員制度）。極めて不合理で時代遅れの制度だったと言えよう。二〇〇三（平成一五）年、文科省は構造改革特区制度を使って県費負担制度の例外を作り、市町村が独自に常勤教員を任命できるようにした。さらに二〇〇六（平成一八）年には、法律改正によりこの制度を全国化した。これにより、市町村が独自に教員を採用・配置して、少人数学級を実施したり、不登校特例活用校を設置したり、ネイティブスピーカーを教員に採用して英語教育の充実を図ったりする事例が各地で見られるようになった。

学校単位での住民自治の強化という意味で、画期的な改革というべきは、二〇〇四（平成一六）年に法律改正により導入されたコミュニティスクール制度である。公立学校に「学校運営協議会」を置き、地域住民や保護者が学校運営に参画する制度だ。

これらは全て、地方分権改革であると同時に、地方の自由度を高め、独自の創意工夫を促す教育改革でもあったのである。

以上のようにざっと概観しただけでも、教育改革として意味のある多くの規制緩和・地方分権改革を文部科学省が進めてきたことは分かっていただけるだろう。「岩盤規制にしがみつき、既得権益を手放さない抵抗勢力」というような決めつけが、いかに根拠のない空虚な言説であるかということも。

## 公務員の匿名性と個人の責任

芸術家や学者は自分の名前で仕事をするが、公務員は職名で仕事をする。公務の遂行において、個人の名前は意味を持たない。公務において表示される意思は、常に組織の意思であって、個人の意思ではない。組織の意思はすべての構成員に共通の意思であるから、同じ質問をすれば誰からも同じ答えが返ってくる。それが組織の一体性というものだ。個人の意思が表に出ないという意味で、公務員には匿名性がある。

意思決定に至るまでの間に組織内で様々な異論があったとしても、いったん意思が決定された後は、個々の異論は捨象される。組織の意思は大臣や局長などの名義で発せられるが、それはその名義人個人の意思ではない。行政機関の職にある個人は交替していくが、職名で発出《はっしゅつ》された通知の効力は変わらない。

このような組織の一体性と公務員の匿名性は、組織の構成員を知的怠惰や思考停止、長いものには巻かれろ式の事大主義、さらには責任感や正義感の欠如に陥らせる危険性を持っている。定式化された組織の意思をおうむ返しに繰り返している限り、個々の構成員の責任が問われる心配はない。上の指示に従っていれば責任は免れるが、上の指示を覆そうとすると自分に責任が生じる。在任期間を大過なく過ごして、あとは後任者に任せればいい。そうやって、「遅れず、休まず、働かず」という公務員が生み出される。組織が大きければ大きいほど、上位権力が強ければ強いほど、組織へのただ乗りと権力への盲徒が生まれやすくなる。そういう上司や同僚に囲まれて仕事をしていると、どんなに志の高い公務員でも、だんだんと無力感にとらわれ、組織に同化していきがちになる。そうして、自分では何も判断しない公務員になる。

確かに、組織の中の公務員は匿名性を持っているが、匿名性は無責任を正当化するものではない。その職に在《あ》る者は、他者に転嫁できない固有の責任を負っている。それぞれの職務に応じた裁量の中で最善を尽くす責任がある。自分の所掌する行政分野のどこにどういう問題があるのかを把握することは、その第一歩だ。実態を把握し、課題を発見し、その解決策を検討して、正義を実現するために適切な判断を下し、必要ならば上司や同僚を説得し、全体の奉仕者として、国民のために最善と考える方策をとらなければならない。

行政官の職務に関して個人の責任が問われたのが、薬害エイズ事件だった。この事件で最高裁は、元厚生省生物製剤課長を業務上過失致死罪とした高裁判決を支持する判決を下した。エイズウィルス混入の危険があった非加熱製剤の使用を放置して行政上の対策を怠り、患者を死亡させたことが犯罪だとされたのだ。この判決は、公務員個人の不作為に対して刑事責任を問うという画期的な意味を持つ。彼は何か悪いことを「した」わけではない。「しなかったこと」を罪に問われたのだ。組織の中での匿名性を隠れ蓑にして、不作為によって責任を回避しようとする公務員に対し、一罰百戒的な警鐘を鳴らすものだ。

組織の一員として最善を尽くしても、その結果は個人の功績にはならない。しかし不作為の結果に対しては個人の責任が問われる。それが、組織の中で仕事をする公務員の宿命なのだ。

現職時代の私がそのような自覚のもとに真に責任ある行動を常にとっていたかと問われれば、正直なところ内心忸怩たるものがある。加計学園問題で被った行政のゆがみも、正すことができなかった。それどころか、私は文部科学省における再就職規制違反問題の責任を取って事務次官を退任したのだから、お世辞にも後輩諸君にとってお手本になる先輩だとは言えない。

しかし、後輩公務員諸君には、これだけは伝えておきたい。組織の論理に従って公務を行っていても、君たちが個人として国民に負うべき責任は常に存在するということを。また、君たちは、公務員である前に尊厳ある個人であり主権者たる国民だということを。

# 学びの自由のために

寺脇研

加計学園の問題では、「総理のご意向」「官邸の最高レベルが言っている」などと書かれた文書の存在が次々と確認された。その端緒を開いたのが、前川さんの「あったものを、なかったことにはできない」という証言だ。

文部科学省の再調査によって、同一、もしくは極めてよく似た一四の文書があることが分かった。もともと報道された文書は、現役の文部官僚たちがやむにやまれぬ気持ちでマスコミを通して国民の皆さんに訴えたくて流出させたと思われる。彼らが、自分たちの本当のご主人たる国民に向かって、「皆さんの知らないところで、こんなとんでもない事態が起こっています」と知らせようとした結果だろう。

それを公務員としてあるまじき行為だと非難する人もいるが、私はそうは思わない。むしろ私は、気骨のある後輩がいたことを誇らしく思う。

それには訳がある。

## †大物政治家の圧力と内部告発

すっかり忘れていたのだが、じつは私自身も内部告発をしたことがあった。加計学園の一件で、不意にそのことを思い出した。私が文部省に入って二、三年目のことだから、もう四〇年近くも前のことである。当時私は教科書検定課の駆け出しの役人だった。

内部告発といっても、今回のような大それた話ではない。

ある時、自民党の大物政治家が、この教科書はよくないと教科書の検定に関して圧力をかけてきた。それに対して文部省の幹部たちは、しぶしぶながらも、最終的にはその政治家の要求を受け入れてしまった。

随分前のことだから詳細は覚えていないが、白を黒と言いくるめるような決定的なことではなかったと思う。それでも私は、政治家の圧力に屈してしまったことが悔しくてならなかった。こんなことを許してはいけない、そう思って大手新聞社に電話をかけた。政治家から圧力がかかっているのでぜひ調べて記事にしてほしいと、電話に出た記者に頼んだのだが、思ったほど私の話に食いついてこず、結局、記事にはならなかった。

あの時の私は、どうしてあんな行動に出たのだろう。

思い巡らすうちに、村上智さんの顔が脳裡に浮かんできた。文部官僚時代の「師匠」を一人だけ挙げろと言われれば、躊躇なく私は村上さんの名前を挙げる。それほど私は、村上さんから決定的な影響を受けた。

村上さんは、若い頃から「鬼軍曹」と言われるほど仕事に厳しい人だったそうだ。三〇代半ばで福岡県の教育委員会に出向し、教育次長として猛烈に働いたという。当時の福岡県では教職員組合の力が非常に強く、組合が校長をつるし上げて校長室に何時間も閉じ込めるといったことが日常茶飯事だった。こうした、きわめて不正常な事態に陥っている中で、村上さんは全身全霊をかけて仕事に取り組んだ。

村上さんが不治の病に侵されたのは、ちょうどその頃だった。

福岡の病院に緊急入院し、なんとか小康状態が保てるようになって、文部省に帰任したが、やせ細って顔色も青白く、以前のようなハードワークは望むべくもなかった。村上さんには、ゆっくり療養できるようにと、視学官というポストが与えられることになる。

だが、村上さんには、自分の体が病に侵されており、もう長くはないという自覚があった。だからこそ、命の続く限り、もう一度、第一線で仕事をしたい、なんとか現場に復帰して、死に花を咲かせたい——。初等中等局長に、そう懇願したという。村上さんの葬儀の際に、その時の局長が、ボロボロ泣きながら弔辞でその秘話を明かした。あの葬儀で裏方を務めていた私は、控え室のスピーカーでそれを聞き、滂沱《ぼうだ》の涙を流したのをよく覚えている。生涯のうちで、あれほど泣いたことはない。

## †「俺の命がつづく限り、俺の下で働け」

教科書検定課長として現場復帰を果たした村上さんと同じ七六年六月付で、入省二年目の私は一番下っ端の係員としてその下に異動した。

一週間ばかり後、村上さんは私にこう言ってくれた。「自分はあと五年も生きられないだろう、だから、俺の命がつづく限り、俺の下で働け。その代わり、俺のすべてをお前に伝える」と。私は「お願いします！」と即答した。結局は七七年五月に四一歳の若さで逝去されるまで、わずか一年足らずの間になるのだが……。

その日から、課長がどこへ行くにもお供し、書類を作成する時には口述筆記の役目を務めるという毎日が続いた。当時はまだワープロもない手書きの時代だった。村上さんは、ものを書く体力もなく、椅子にぐったりともたれかかりながら、書類に書くべきことを口にしていく。それを一生懸命メモして、形を整えて持っていくと、「全然ダメ、もう一回！」と言われ、懸命に書き直す。でも、「まだダメだなあ」。それは何度も何度も繰り返され、さながら千本ノックだった。

ところで村上さんは筋金入りの保守主義者で、学生気分が残るリベラル気取りだった私とは思想面だけはまったく相容れなかった。だが、一方でフェアであることを何よりも大事にする人だった。

そのことが、はっきりと分かる出来事がある。

当時、家永三郎という歴史学者が、自分の執筆した高校日本史教科書への検定は違憲・違法であるとして訴訟を起こしていた。いわゆる家永裁判である。教科書検定課はその対応を任されていたが、もちろん村上さんはマルクス主義に影響を受けた家永側の主張に対して大変批判的だった。

この訴訟は九七年に文部省が最高裁で勝訴して決着がつくのだが、その過程で、いくつも裁判が行われた。その一つが、村上課長着任の前年、七五年の東京高裁「畔上《あぜがみ》判決」で、このときは家永氏が勝訴している。これに村上さんは納得せず、こんな判決を出す裁判官はおかしいと、しきりに憤っていた。けれども、判決の中で唯一、こちら側に問題があると認めた指摘があった。

その指摘とは、検定を担当する教科書調査官が家永氏に対する個人的な確執を公正であるべき検定に持ち込んでいるのではないか、それでは「検定基準等の定めによらず、裁量の範囲を逸脱し、かつ、前後の一貫性を欠く気ままに出た行政行為」であり、「現行制度の慣行的運営になれ安んじていたことによるもの、とのそしりを免れがたい」と断じ、教科書検定行政を批判した個所だった。実際、検定には専門的な知識が必要とされるため、それまで審査過程の多くは調査官の胸先三寸となっていた。

自分たち役人が責任を持つべき教科書検定行政が、判決文でこうした指摘を受けたのを、村上さんは非常に恥じて悔しがった。二度と「気まま」などと言われてはならないと、上層部を説得して厳正なルールを確立することになる。調査官の裁量部分を減らして検定過程をより明確で公正なものにするための教科用図書検定規則を、わずかの間に、それこそ心血を注いで作り上げたのである。そこには、いくら裁判の相手方に問題があろうと、法的手続きが不十分だと言われてしまえば役人として失格だという強い思いがあった。役所には一定の強い権力が与えられているのだからフェアプレーに徹しなければいけないと、村上さんは考えていた。

その結果、教科書検定のあり方も変わった。以前であれば検定意見によって修正対象となったはずの、政府に反対するデモの写真なども掲載できるようになったのである。

自民党の大物政治家が、教科書の検定について横車を押してきたとき、私はなぜ内部告発をするに至ったか――、もうお分かりいただけただろう。

教科書検定の公正なルール作りという大仕事を、村上さんが命を削ってまでやりおおせたのに、政治家から不当な介入がなされ、これを文部省が受け容れてしまったのが、悔しくてならなかったのだ。

村上さんだけではない。入省した年には、所属する初等中等教育局の今村武俊局長が自民党文教族議員と対立して次期事務次官候補の座を追われ、左遷される事件に遭遇した。郷里鹿児島県の大先輩であり、父の旧制高校時代の同級生でもあったことから、私を息子のように可愛がり、ご自身が文部省を退職された後も、私の在職中ずっと見守ってくださったこの方は、政治家への直言で初等中等教育局審議官のときも一度、都合二度も左遷の憂き目を見ている。それでも、与えられた新しい役職を不撓不屈《ふとうふくつ》の精神で前向きに務め、役人人生を最後まで全うした。

村上さん、今村さんや、前川さんが序章で紹介している河野愛さんの筋を通す生き方に強い影響を受けていたからこそ、自分が「ゆとり教育」問題で大臣や自民党文教族議員の不興を買い、二〇〇二年に大臣官房審議官から文化庁へ追われたときも、それに耐えることができたのだと思う。

## †一寸の虫にも五分の魂

役人の世界では、大過なく勤めるということが、さも大事であるかのように語られることが少なくない。だが、大過なく過ごすことに汲々としてしまえば、政治家からの圧力にも容易に屈してしまうだろうし、制度上の不具合を正すための努力も厭《いと》うようになってしまうだろう。そんなことでは、「全体の奉仕者」（憲法第一五条）たるべき公務員の責務を放棄することになってしまう。しかも、教育基本法第一六条には「教育は、不当な支配に服することなく、（略）法律の定めるところにより行われるべきものであり、教育行政は、（略）公正かつ適正に行われなければならない」と定められている。

加計学園の問題で文科省だけが「反乱」を起こしたのも、憲法や教育基本法で示されたこうした精神と、決して無縁ではない。

たとえて言えば加計問題は、みんながルールを守ってきちんと並んでいるところに、権力を笠に着た人間が自分の友人を強引に割って入らせたようなものだ。入学試験で不正入学があれば、誰もがとんでもないことだと思うだろう。それで言えば加計学園の問題は、不正認可が行われようとしている状況だと言っていい。

他の役所と違い、「不当な支配に服することなく」「公正かつ適正に」行政を執行する義務を負って自らの責務を果たそうとする文部官僚にとって、こんな屈辱的なことはないはずだ。だからこそ、文科省の「反乱」が起きた——。国民の皆さんには、文部官僚がこういう精神を持っているということを、ぜひ知ってもらいたいと思う。森友・加計問題をめぐって、「記憶にございません」とか「記録に残っていません」とかいったセリフを連発する役人と、文科省の役人と、どちらが「全体の奉仕者」たらんとしているだろうか。

前川さんを個人攻撃した菅官房長官にとって、文科省から次々と加計「文書」が出てきたことは不可解だったのかもしれない。おそらく官房長官は、文科省など三流のへっぽこ官庁だと見下しているのだろう。だが、一寸の虫にも五分の魂がある。

## †アートが学べる通信制高校

新しい仕事の夢も語っておこう。

私のいる京都造形芸術大学では、いま、通信制の高校を構想している。

うちのマンガ学科の学生と接していると、高校時代に窮屈な思いをしてきた子が多いことに気づく。いくら才能があっても、マンガなんて描いていないで勉強しろとか、絵なんて描いている場合じゃないとか言われて、大学に入って、ようやく自由になったという子が少なくない。第3章で前川さんとLGBTの問題について話したところでもご紹介したように、そうした性的マイノリティーの学生にとっても、つらかった高校時代までと違い誰も色眼鏡で見たりせず、こういう自分でもオッケーなんだと感じられるようになったという。

それなら、高校の段階でも、そうした自由を味わわせてやろうということで、大学のキャンパス内に高校を作りたいと思っている。単に施設面で大学の中にあるというだけではなく、この高校と大学のカリキュラムをできるだけ有機的に連携させ、大学での学びへの架け橋にしたい。行事なども同時期に開催し、大学生活を垣間見て大学とはどんな学びの場であるかを認識しつつ、高校生活を送ってもらいたい。もともと、大学からではなく、もっと早い段階からアート的な思考が学べるよう、ゆくゆくは高校、中学校、さらには可能なら小学校も作りたいというのが創立者の抱いた理想でもあったのである。

通信制であれば、毎日通学する必要はなく、自分のペースで通えばいい。もちろん、毎日来てもらっても、何の問題もない。そういう学びの場を作っていこうと考えている。先日、前川さんに話したら、「それはいい学校ができますね」と喜んでくれた。そういう新しいことに、これからも私はチャレンジしていく。前川さんは自主夜間中学のスタッフとして教育に携わり、私は私で、生涯学習の場を広げる努力をさらに重ねていく。

## †学びの自由のために

最後になるが、私や前川さんたちの世代は相当恵まれていると思う。

先の大戦に巻き込まれてもいないし、敗戦後の食糧難も経験していない。生まれたときには、すでに日本は独立を果たしており、経済成長が続くなか、生活はどんどん豊かになっていく。一九六四年の東京オリンピックも、七〇年の大阪万国博覧会も経験し、バブルの時代には民間企業の人たちほどではないにせよ、その繁栄を享受することができた。しかも、年金だってきちんと受け取れる——。

ところが今の子どもたち、若者たちは、ますます社会状況が厳しくなる中を生きていかなくてはならない。年金の問題もあるが、ＡＩの発達によって、今後、現在ある職業の三分の二が消滅してしまうかもしれないとも言われる。少子化が進展し人口が減少する中で、高齢者の割合がますます増加し、過去の日本がこれまで一度も経験したことのないゾーンへと突入していく。原発をどうするかの結論も先送りのままだ。だからこそ私は、自ら学ぶ力を、そして生きる力を、若い人たちに身につけてほしいと切に願う。

私も前川さんも、この先何十年も生きられはしない。だからこそ、若い人たちの可能性を引き出す手助けをしたい。教育は英語で education だが、ラテン語の語源にさかのぼると学習者が「本来持つ能力を最大限に引き出すこと」を意味する。その役割を、残りの人生をかけて、やり続けていきたいのである。

私は、うちの大学の姉妹校である東北芸術工科大学のコミュニティデザイン学科でも授業をする。今年入ってきた一年生に対して、大学では自分が学びたいことを思う存分学べるんだ、高校までの勉強とは違い、これこそ本物の学びだ、という話をした。これからは本当の自分の学びを見つけなさい、と。そうしたら、受講した学生から、「すごくよく分かりました。私は四年間、学び倒します！」という反応が、SNSなどを通じて返ってきた。

また、去年はこんなことがあった。やはり一年生に、衰退した地方の町を救うにはコミュニティデザインの力が一番だと熱く語った授業の直後、「すばらしい指針をもらいました。学びの目標が定まりました」とのメッセージをもらい、その先を読むと「実は体調を崩して今日は休んでいました」とある。「授業を受けた友達が、すぐに私のアパートまで走ってきてくれて「いま、こんな話を聞いたんだ！」と熱弁してくれたんです」。これを読んで、学んだことをすぐに休んでいる友達に伝えようとする学生、それを受け止める学生の、ともに学ぶ熱意に打たれた。

こういう若者たちがいる限り、かれらに学びの自由を与えていくこと、学びを阻害する社会的・経済的要因を取り除いていくことをやらなくてはならないと、改めて強く思う。

# あとがき

前川さんが加計学園問題に関して「あったものを、なかったことにはできない」と立ち上がる決意を前もって直接聞かされ、私は何が何でも支えなければならないと心に決めた。それがどんな重大な決意であり、またどんな困難を伴うかを十分察知したからだ。文部科学省の現役職員が表立って彼を助けられないのはもちろん、OBだって再就職先などへの遠慮があろう。自由に動ける私なら存分に応援できると思った。

なにしろ、前川さんが一九七九年に文部省（当時）に入省してきて以来、三八年以上に及ぶ付き合いである。新人のころから有望だった彼を、役所を改革していく仲間にしようと、四年先輩として仕事に厳しさを求めたり、議論を吹っかけたり、ずいぶんちょっかいを出したものだ。わずかな期間ではあるが、係長と係員の関係だったこともある。

序章で前川さんが回想している河野愛さんには、私も深い影響を受けている。河野門下という意味では、兄弟子と弟弟子みたいな立場になる。そんなこんなで親しくしてきた。「ゆとり教育」の問題や強引に突っ走る仕事ぶりから早々に役所を追われ退職することになった私は、再就職斡旋を断って自力で生きる道を選んだせいもあり、その後、文部科学省の局長級以上の幹部とはほとんど顔さえ合わせる機会もないままだった。そんな中で、前川さんだけは以前と全く変わらず同じように交際し続けてくれた。

それだけではない。私の新たな活動の場となった教育関係NPOで仕事をする連中と気さくに意見交換し、教育事業に進もうとする若者たちを温かく見守ってくれもした。現場の教師や教育に関心を持つ大学生、高校生と会ってやってほしいとお願いすると、気軽に「いいですよ」と引き受け、文部行政について時間を忘れ熱く語ってくれた。そうやって接した者は、誰もが前川ファンになる。天下り問題のときも、加計学園問題のときも、私のもとに「前川さん、大丈夫でしょうか」と心配する声がひっきりなしに届いた。

幹部たちとの縁が切れた私だが、課長級以下の若手文部官僚とはしょっちゅう酒席などを共にしている。彼らの前川さんに対する信望は厚く、そして根強い。歴代事務次官であれほど部下たちに慕われた人はいないのではないか。退職の際、全職員に送ったメール（二六七ページ）を読んで涙した話を多数、耳にした。「出会い系バー通い」の人格攻撃を受けても、全国の前川ファンや元部下の信頼は揺らぐものがない。前川さんが女性との違法な交際などするわけがないと確信しているのは、決して私だけではないはずだ。

若い人と話をするのが大好きなのは、私も前川さんに劣らない。彼らの新鮮な発想に触れるのは楽しいし、「ゆとり教育」でどんな人間が育っているかが直接わかる。また、貧困の実情や家庭内の深刻な諸問題に直面することもある。そんなとき、相談に乗り助言するだけでなく、自立や学びの危機を救うために少なからぬ額の金銭的支援をする場面が何度かあった。もちろん男女問わない。相手が女性だと、これまた菅官房長官から「さすがに強い違和感を覚えた」「小遣いを渡すようなことは到底考えられない」と人格攻撃されるのだろうか。

どんな攻撃を受けようと、私は若者たちとの接し方を変えるつもりはない。文部行政に長年携わり、教育制度を運用してきた者として、なかんずく「ゆとり教育」という毀誉褒貶《きよほうへん》の激しい政策を担当した者として、教育を受けて育った若者や教育を受けている最中の学生に対する責任を負っていると考えるからである。私は、(「ゆとり教育」の責任を取って)「死ね」とか「日本から出て行け」とネット上で誹謗にさらされているが、責任の取り方とはそんなものではなく、若者たちを見守り、応援し、その未来を少しでも夢の抱けるものにするため、力の続く限り役に立ち続けることだと信じている。

そのために、退職後に役所の世話にならず、自由に活動できる道を選んだ。これは、文部科学省での最後の上司であり人生の師とも仰ぐ河合隼雄文化庁長官(当時)からのアドバイスでもある。「あんたは辞めたら自由に生きたらいいよ」と、京都造形芸術大学という、学生や教員の自由を尊重する職場を教えていただいた。おかげで、発言も行動も自由にできて、若者のためになると思うことは何でもやれる。

審議官・部長級で役人生活を終えた私と違いトップの位置まで上り詰めた前川さんも、政府の要職に就く途《みち》を自ら捨て、これからは自由に活動するのだろう。彼がどんなことをどんなふうにやっていくのか、横から見ているのが楽しみだ。きっと、私とはまた別の形で人々のさまざまな学びを応援していくのだろう。文部官僚時代も、教育行政を改革する志を同じくする「戦友」だったが、どうやら一生の「戦友」になりそうだ。

最後に。本書の中には文教政策に対し異を唱えている部分もあるし、加計学園問題で前川さんを支えるために役所を批判するような発言をしたこともある。それでも私は、文部行政の仕事を何よりもすばらしいものだと思っているし、それに携わる文部官僚への敬意を忘れない。拙著『文部科学省』（中公新書ラクレ）に綴った気持ちは、今も不変であるつもりだ。たぶん、前川さんも同じだろう。「過去の人」である私たち二人なんかより、もっともっと前に進み、子どもたちや国民のために、その学びを支える政策を打ち出してくれる後輩たちの活躍を、切に願ってやまない。

寺脇研

# 付録　前川喜平氏が文科省退官時に全職員へ送ったメール（抄録）

文部科学省の皆さんへ

本日、私は大臣から辞職を承認する辞令を頂戴しました。

文部科学省の皆さんが元気いっぱい仕事に打ち込めるようリードすべき立場の私が、このような形で退職することは、誠に残念であり申し訳なく思っています。

国家公務員法が定める再就職規制を遵守《じゅんしゅ》できなかったことは事実であり、文部科学省として深く反省し、しっかりと再発防止措置をとる必要があります。

私を反面教師として、二度とこのようなことが起こらないよう、職員の皆さんは遵法意識を徹底し国民の信頼回復に努めてください。

しかし皆さん、動揺したり意気消沈したりしている暇はありません。

一日たりともおろそかにできない大事な仕事があるからです。

文部科学省の任務は極めて重要です。私が考える文部科学省の任務とは、教育・文化・スポーツ・科学技術・学術の振興を通じて、誰もが明るく楽しくしあわせに人生を全うできる社会をつくること、未知なるものに挑戦し限界を克服し輝く未来へと前進すること、さらには自由で平等で平和で民主的で文化的な国をつくり世界の平和と人類の福祉に貢献することです。

そして、私が考える文部科学省職員の仕事は、子どもたち、教師、研究者、技術者、芸術家、アスリートなど、それぞれの現場でがんばっている人たちを助け、励まし、支えていくことです。

特に、弱い立場、つらい境遇にある人たちに手を差し伸べることは、行政官の第一の使命だと思います。

その意味でも、文部科学省での最後の日々において、給付型奨学金制度の実現の見通しがついたこと、発達障害や外国人の児童生徒のための教職員定数改善に道筋がついたこと、教育機会確保法が成立し不登校児童生徒の学校外での学習の支援や義務教育未修了者・中学校形式卒業者などのための就学機会の整備が本格的に始まることは、私にとって大きな喜びです。

一方で、もんじゅの廃炉と今後の高速炉開発に向けた取り組み、文化庁の機能強化と京都への移転、高大接続改革の円滑な実施など、数々の困難な課題を残して去ることはとても心残りです。

あとは皆さんで力を合わせてがんばってください。

そして皆さん、仕事を通じて自分自身を生かしてください。職場を自己実現の場としてください。初代文部大臣森有礼の「自警」の表現を借りて言うなら「いよいよ謀りいよいよ進めついにもってその職に生きるの精神覚悟あるを要す」です。

森有礼は「その職に死するの精神覚悟」と言ったのですが、死んでしまってはいけません。人を生かし、自分を生かし、みんなが生き生きと働く職場をつくっていってください。

ひとつお願いがあります。私たちの職場にも少なからずいるであろうＬＧＢＴの当事者、セクシュアル・マイノリティの人たちへの理解と支援です。無理解や偏見にさらされているＬＧＢＴ当事者の方々の息苦しさを、少しでも和らげられるよう願っています。

そして、セクシュアル・マイノリティに限らず、様々なタイプの少数者の尊厳が重んじられ、多様性が尊重される社会を目指してほしいと思います。

気は優しくて力持ち、そんな文部科学省をつくっていってください。

いろいろ書いているうちに長くなってしまいました。最後まで読んでくれてありがとう。

それでは皆さんさようなら。

二〇一七年一月二〇日

前川喜平

ちくま新書
1288

# これからの日本《にほん》、これからの教育《きょういく》

二〇一七年一一月一〇日 第一刷発行

著者 前川 喜平（まえかわ・きへい）
寺脇 研（てらわき・けん）

発行者 山野浩一
発行所 株式会社 筑摩書房
東京都台東区蔵前二-五-三 郵便番号一一一-八七五五
振替〇〇一六〇-八-四一二三
装幀者 間村俊一
印刷・製本 三松堂印刷 株式会社

本書をコピー、スキャニング等の方法により無許諾で複製することは、法令に規定された場合を除いて禁止されています。請負業者等の第三者によるデジタル化は一切認められていませんので、ご注意ください。

乱丁・落丁本の場合は、左記宛にご送付ください。
送料小社負担でお取り替えいたします。
ご注文・お問い合わせも左記へお願いいたします。
〒三三一-八五〇七 さいたま市北区櫛引町二-六〇四
筑摩書房サービスセンター 電話〇四八-六五一-〇〇五三

© MAEKAWA Kihei, TERAWAKI Ken 2017 Printed in Japan

ISBN978-4-480-07106-4 C0237

ちくま新書

1071
日本の雇用と中高年
濱口桂一郎
激変する雇用環境。労働問題の責任ある唯一の答えは「長く生き、長く働く」しかない。けれど、年齢が足枷になって再就職できない中高年。あるべき制度設計とは。

1122
平和憲法の深層
古関彰一
日本国憲法制定の知られざる内幕。そもそも平和憲法は押し付けだったのか。天皇制、沖縄、安全保障……その背後の政治的思惑、軍事戦略、憲法学者の主導権争い。

1195
「野党」論
――何のためにあるのか
吉田徹
野党は、民主主義をよりよくする上で不可欠のツールだ。そんな野党に多角的な光を当て、来るべき野党を、これからの対立軸を展望する。「賢い有権者」必読の書！

1223
日本と中国経済
――相互交流と衝突の一〇〇年
梶谷懐
「反日騒動」や「爆買い」は今に始まったことではない。近現代史を振り返ると日中の経済関係はアンビバレントに進んできた。この一〇〇年の政治経済を概観する。

606
持続可能な福祉社会
――「もうひとつの日本」の構想
広井良典
誰もが共通のスタートラインに立つにはどんな制度が必要か。個人の生活保障や分配の公正が実現され環境制約とも両立する、持続可能な福祉社会を具体的に構想する。

659
現代の貧困
――ワーキングプア／ホームレス／生活保護
岩田正美
貧困は人々の人格も、家族も、希望も、やすやすと打ち砕く。この国で今、そうした貧困に苦しむのは「不利な人々」ばかりだ。なぜ？　処方箋は？　をトータルに描く。

710
友だち地獄
――「空気を読む」世代のサバイバル
土井隆義
周囲から浮かないよう気を遣い、その場の空気を読もうとするケータイ世代。いじめ、ひきこもり、リストカットなどから、若い人たちのキツさと希望のありかを描く。